사가판 유대문화론

SHIKABAN YUDAYA BUNKARON by Tatsuru Uchida
Copyright ⓒ 2006 by Tatsuru Uchida

Original Japanese edition published by Bungeishunju Ltd.
Korean translation rights arranged with Bungeishunju Ltd.
through Owls Inc. and PubHub Literary Agency.

이 책의 한국어판 저작권은 PubHub 에이전시를 통한 저작권자와의 독점
계약으로 도서출판 아모르문디에 있습니다.
저작권법에 의해 한국 내에서 보호를 받는 저작물이므로
무단 전재와 복제를 금합니다.

사가판 유대문화론
私家版

우치다 타츠루 지음　박인순 옮김

아모르문디

국립중앙도서관 출판시도서목록(CIP)

사가판 유대문화론 / 지은이: 우치다 타츠루 ; 옮긴이: 박인순. -- 서울 : 아모르문디, 2011
　　p. ;　cm

원표제: 私家版・ユダヤ文化論
색인수록
원저자명: うちだたつる
일본어 원작을 한국어로 번역
ISBN 978-89-92448-12-3 03920 : ₩12000

유대인--시

920-KDC5
940-DDC21　　　　　　　　　　　　CIP2011004281

들어가는 말

『사가판私家版 유대문화론』이라는 제목처럼, 이 책은 내 개인의 사적인 지적 관심에 한정하여 쓴 유대인론이다. 유대인에 관해 중립적이고 정확한 지식을 얻고자 하는 사람을 위해 쓴 책이 아니다. 그러한 책을 원하는 사람은 이 책을 다시 서가에 꽂아 놓고 보다 일반적인 다른 입문서를 구하는 편이 나을 것이다.

내가 본서에서 논한 내용은 "어째서 유대인은 박해받는가?"라는 의문이다. 이것만을 논하고 있다.

이 물음에 대해서는 "유대인 박해에는 근거가 없다"고 대답하는 편이 '정치적으로 올바른 회답'이다. 하지만 이 대답으로는 "인간은 때로 한없이 우둔해지고 사악해질 때가 있다"는 식견 이상의 것을 얻을 수 없다. 유감스럽게도 이는 우리들이 이미 숙지하고 있는 바이다.

이 물음에 대해서 "유대인 박해에는 그 나름의 이유가 있다"고 대답하는 것은 '정치적으로 올바르지 않은 회답'이다. 왜냐하면 그런 사고방식에 기초하여 반유대주의자들은 과거 2천 년에 걸쳐 유대인을 격리하고 차별하고 학살해 왔기 때문이다.

유대인 문제의 근본적인 아포리아는 '정치적으로 올바른 대답'을 고집하는 한, 현재 일어나고 있는 사건에 관하여 한 걸음도 깊은 이해를 향해 나아갈 수 없다는 점이다. 그렇다고 해서 '정치적으로 올바르지 않은 대답'을 입에 담는다면 인류가 저지른 최악의 만행에 동의 서명을 하게 된다. 정치적으로 올바른 대답도, 정치적으로 올바르지 않은 대답도, 그 어느 쪽도 선택할 수 없다. 이것이 유대인 문제를 논할 때 빠지게 되는 최초의 함정이다(그리고 최후까지도).

이 함정을 피하면서 이 문제에 접근하는 방법으로는 문제의 차원을 한 단계 끌어올리는 것밖에는 생각할 수 없다. 이 경우 "문제의 차원을 한 단계 끌어올린다"는 말은, "'유대인 박해에는 이유가 있다'고 생각하는 인간이 존재하는 데는 어떤 이유가 있다. 그 이유는 무엇인가?"라는 식으로 질문을 고쳐 쓰는 것이다.

"반유대주의에는 이유가 있다"는 것과 "반유대주의에는 이유가 있다고 믿는 인간이 존재하는 데에는 이유가 있다"는 말은 서로 닮기는 했지만 문제의 설정 차원이 다르다.

이 질문은 다시 "인간은 한없이 우둔해지고 사악해질 때가 있는데 그것은 어떤 경우인가?"라는 물음으로도 고쳐 쓸 수 있다.

경험적으로 말해 인간이 완전히 무동기적으로 우둔해지거나 사악해지는 경우는 없다. 인간은 심사숙고 끝에 이런 태도를 선택한다. 우리가 자신의 폭력성이나 우둔함을 긍정하는 때는 이를 통해 얻을 수 있는 것이 잃는 것보다 크다는 계산이 섰을 경우뿐이다.

그렇다면 자신이 폭력적이고 우둔하다는 사실을 인정하면서까지 손에 넣고 싶어 하는 '질병이득Krankheitsgewinn'1)이란 과연 무엇일까? 그것은 어째서 반유대주의라는 형태를 취하게 되는 것일까?

이에 관해서 지금부터 내 사견을 말하겠다.

다시 한 번 말하지만 유대인 문제에 관한 내 입장은 중립적이지 않다(내 학문상의 스승은 유대인이며, 나는 그 스승으로부터 '사물에 대해 생각하는 법'을 배웠다).2) 또한 나는 유대인 문제에 관해서도 충분히 깊은 지식을 갖고 있지 않다(나 이상으로 이 문제에 해박한 사람은 일본에만도 얼마든지 있다).

그럼에도 나는 인간의 사악함과 우둔함이 어떠한 모양을 취하는가 하는 문제에 관하여 무척이나 해박하다. 나 자신이 그 무진장한 데이터베이스이기 때문이다. 본서를 '사가판'이라고 이름 붙인 까닭은 그 때문이다.

---

1) 프로이트의 용어. 질병이득이란 병에 의해 얻을 수 있는 이익으로서, 심적인 고통을 피하기 위해 내적인 갈등을 억압하여 그 결과 신경증과 같은 상태로 도망치는 제1차 질병이득과 주위 사람들이나 사회로부터 동정, 보상 등을 얻는 제2차 질병이득으로 분류된다—역주.

2) 저자가 말하는 스승이란 프랑스 철학자 에마뉘엘 레비나스Emmanuel Levinas(1906~1995)이다. 우치다 교수는 레비나스에게 직접 사사한 적이 없으나 유대인 관련 저서들을 포함하여 레비나스 저작의 일본어 번역서와 연구서를 출간했다—역주.

차 례

들어가는 말 _ 5

1장 유대인이란 누구를 가리키는가?

1. 유대인이라고 묶을 수 있는 끈 _ 11
2. 유대인은 무엇이 아닌가? _ 19
3. 반유대주의자가 유대인을 '창조'했는가? _ 40

2장 일본인과 유대인

1. 일유동조론 _ 61
2. 『시온 의정서』와 일본인 _ 76

3장 반유대주의의 생리와 병리

1. 선인善人의 음모사관 _ 99
2. 프랑스 혁명과 음모사관 _ 103
3. 『유대적 프랑스』의 신화 _ 117
4. '배드랜즈 카우보이' _ 127
5. 기사와 반유대주의자 _ 135

6. 모레스 맹우단과 개인적인 전쟁 _ 139

7. 최초의 파시즘 _ 146

4장 끝나지 않는 반유대주의

1. '알 수 없는 이야기' _ 158

2. 미래학자가 그리는 이상한 미래 _ 167

3. '과잉'의 유대인 _ 171

4. 최후의 물음 _ 180

5. 사르트르의 모험 _ 187

6. 살의와 자책 _ 197

7. 결어 _ 211

8. 어떤 만남 _ 228

신서판을 위한 후기 _ 232
옮긴이의 말 _ 237
찾아보기 _ 243

1장 유대인이란 누구를 가리키는가?

1. 유대인이라고 묶을 수 있는 끈

20여 년 전 파리에 위치한 세계 이스라엘 동맹Alliance Israélite Universelle[1]에 전화를 건 적이 있었다. 부속 도서관의 자료를 열람하고 싶었기 때문이다. 전화를 받은 사서로 추측되는 여성에게 사정을 말했다.

"일본에서 온 연구자인 우치다라고 하는데, 자료를 볼 수 있을까요?"

그러자 그 여성이 이렇게 답했다.

"무슈 우치다? 아, 얼마 전에 레비나스의 『곤란한 자유』를 번역하신 분이네요."

---

[1] 1860년에 창설된 유대인 국제 상호 부조 단체.

번역서가 나온 건 분명 1년 전의 일이었다. 그런데 어떻게 그 사실을 알고 있는 것일까?

그 사서가 파리 거리의 서점에서 내가 번역한 에마뉘엘 레비나스의 『곤란한 자유』를 무심결에 손에 들고 "어머, 레비나스 선생의 이 책, 일본어 번역이 나왔네"라고 중얼거릴 확률은 제로에 가깝다(일본 서점에서도 좀처럼 구할 수 없는 책이니까).

생각할 수 있는 가능성은 각국에서 출판되는 '유대인 관련 문서'를 총괄하는 조사가 행해졌으리라는 것이다.

하지만 그게 정말 가능한 일일까?

몇 해 전 『마르코 폴로』라는 잡지가 "강제 수용소에 가스실은 존재하지 않았다"고 주장하는 논문을 게재하는 바람에 주일 이스라엘 대사관과 유대인 인권 단체인 시몬 비젠탈 센터[2]로부터 강력한 항의를 받아 폐간된 일이 있었다. 이 사례로부터 우리는 '홀로코스트' 이후 세계 각국에서 제기된 다양한 '유대인론'에 대해 상당히 포괄적인 조사가 행해지고 있다는 사실을 미루어 짐작할 수 있다.

문제는 지금 내가 '상당히 포괄적인 조사가 행해지고 있다'고 수

---

2) 시몬 비젠탈Simon Wiesenthal(1908~2005)의 이름을 딴 유대인 단체. 오스트리아-헝가리 제국에서 태어난 비젠탈은 나치의 박해로 부인을 포함해 87명의 가족과 친족을 잃었으며, 강제 수용소에서 살아남은 이후 나치 전범자 색출 활동을 위한 조직을 오스트리아 빈에 세웠다. 이후 1977년 미국 로스앤젤레스에서 시몬 비젠탈 센터를 설립했으며 다수의 나치 전범을 체포하는 데 기여했다―역주.

동형 문장으로 적을 수밖에 없다는 점이다. 누가 그 조사를 행하고 있는 것일까? 나는 이를 확정적인 말로 정확히 지칭할 수 없다. 그것이 문제를 복잡하게 한다.

반대의 경우를 생각해 보면 이 문제가 지닌 복잡함의 의미를 이해할 수 있다. 세계 각국의 미디어가 내보내는 다양한 '일본인론'(유언비어를 포함한)을 세세하게 조사하는 일본인 조직을 우리는 상상할 수 없다.

미국 의회엔 '유대 로비'라는 것이 있고 유대계 시민이 미국 정부의 중동 정책 결정 과정에 깊숙이 관여한다는 이야기를 심심치 않게 들을 수 있다. 그런데 그런 일을 '심심치 않게 들을 수 있다'는 사실 자체가 조금 이상하지 않은가? 미국 정부의 정책 결정에 '일본 로비'가 영향을 미쳤다는 식의 이야기를 우리는 들어 본 적이 없으니 말이다.

물론 일본계 미국 시민을 위한 단체는 존재한다. 회원 2만 4천 명을 거느린 '일본 미국 시민 동맹'은 9·11 테러 이후 라틴계 미국인이나 이슬람교도에게 폭행이 가해지고 있다는 사실에 "깊은 우려의 뜻"을 표하고, "같은 나라 사람인 미국 국민을 향한 행동의 자제를 요구"하며, "어떠한 집단이라도 그 민족적 특징, 종교, 국적을 이유로 배격되는 일이 없도록" 미국 시민에게 호소했다. 이러한 호소는 당연히 옳은 것이며, 나는 이에 대해 어떠한 반대도 하지 않는다. 그러나 그들은 어디까지나 '미국 시민으로서의 인권', '미국 민주주의의 원칙'을 지키고자 하는 것이지, 미국 이외의 땅에 거주하는 '일본 국민의 인권'이나 '일본의 통치 원칙'에는 특별한 관심을 표시하지 않는다.

일본계 사람들은 세계 각국에 존재한다. 정치가나 저널리스트나 재계 인사 등, 그 나라의 정책 결정에 관여하고 있는 일본계 시민도 적지 않다. 그럼에도 과문한 탓인지 나는 그들이 자신이 거주하는 나라의 정치인들이 일본 정부의 정책을 지지하도록 활발한 로비 활동을 전개한다는 식의 이야기를 들어 본 적이 없다.

나는 이를 별로 불만스럽게 여기지 않는다. 재외 일본계 시민에게 "애국심이 부족하다"든가 외교 관료에게 "국제적인 홍보 전략이 없다"는 식의 억지스러운 이야기를 하고 싶지는 않다. 오히려 그렇게 하지 않는 편이 '보통'이라고 생각하고 있다.

그렇기 때문에 '유대 로비'와 같이 '보통이 아닌' 현상을 가리키는 말을 마치 충분히 그 어의를 숙지하고 있는 듯이 가벼이 사용하는 사람에 대해서는 거부감을 느낀다. 아마도 그런 사람들은 '이스라엘에 강한 귀속감을 가지는 재외 민족 집단' 따위를 마음속에 그리고 있으리라.

이스라엘에서 문제가 일어날 때마다 미국에서도 프랑스에서도 유대계 시민에게는 "자신이 시민권을 가진 나라보다도 '타국'인 이스라엘에 보다 강한 충성심을 품고 있지 않은가?"라는 '이중 충성'의 혐의가 부여된다. 그러나 이러한 '이중 충성'에 '거부감'을 느끼는 사람은 그 사실을 고발하는 와중에 국민국가와 국민이 맺는 관계만이 공동체의 '자연스러움'이며, 국민국가의 성원인 동시에 그와는 다른 종류의 공동체에 강한 귀속감을 느끼는 행위는 '시민 의무의 위반'이라고 믿는 자신의 이데올로기성을 노출하였다는 사실을 깨닫지 못한다.

세상에는 국민국가의 국민이 공동체에 통합되는 방식과 다른 방식으로 통합되어 있는 집단이 존재한다. 국민국가가 생기기 이전부터 존재한 사회 집단의 경우, 그 집단을 향한 귀속 의식이 국민국가의 틀 속에 수렴되지 않는다 해도 조금도 이상하지 않다. 그러한 집단이 실제로 존재하고 있다는 엄연한 사실을 앞에 두고 조금은 겸연한 태도를 취해야 하지 않을까 싶다.

우리는 타국의 의회에서 '일본 로비'가 행해지지 않는다는 점을 이상하게 여기지 않으며, 세계 각국의 '일본인론' 언설을 세세히 조사하는 국제적 네트워크를 조직하겠다는 생각에도 이르지 않는다. 떠들썩하게 '애국심' 함양을 강조하고 '일본인이라는 자각'을 철저하게 가르치려 드는 일본 정부도 그러한 활동에는 거의 관심을 표시하지 않고, 국민들도 이를 나무라지 않는다. 왜냐하면 우리는 "외국에 사는 일본인들의 사정이야 어찌 되든 상관없다"고 생각하기 때문이다(그리고 외국에 사는 일본계 사람들도 "일본에 사는 일본인의 사정 따윈 어찌 되든 상관없다"고 생각한다).

차갑게 들리겠지만 사실이 그렇다.

일본과 일본 국민의 관계를 '모델'로 삼아 사회 집단의 통합을 구상한다면, 바로 이 '몰인정함'이 정상 상태이다. '국민'이란 원칙적으로는 지리적으로 집주하고, 단일한 정치 단위에 귀속하며, 동일 언어를 사용하고, 전통적인 문화를 공유하는 성원을 가리킨다고 믿기 때문이다. 따라서 우리는 이러한 조건들 중 어느 하나라도 빠지면 당연히 국민적 연대감이 손상된다고 생각한다. 외국에 정주한 일본인, 일본 국적을 가지지 않은 일본인, 일본어를 이해하지 못하며 일본의 전통문화에 애착을 보이지 않는 일본인, 우리는 그런 사람들을 '일본의 정회원'으로 간주하는 습관을 가지고 있지 않다. 우리에게 이는 자명하다.

하지만 나는 이를 일종의 '민족지적ethnographical 기습奇習'이라고 생각한다. 세계의 주류는 이 '기습'을 공유하고 있지만, '기습'이 아무리 널리 퍼져 있다고 해도 '기습'이란 사실에는 변함이 없다. 우리 일본인은 일본 고유의 민족지적 기습 안에 유폐되어 있다. 이는 특별히 내가 목소리를 높여 강조하지 않아도 지식인 모두가 이미 알고 있는 사실이다. 여기에 덧붙이고 싶은 말은, 이 '고유의 민족지적 기습' 안에 머무는 한 우리는 유대인에 대해 아무것도 알 수 없다는 것이다.

미국에 야코브 시프Jacob Henry Schiff(1847~1920)라는 사람이 있었다. 시프는 독일 태생의 유대계 은행가로, 미국으로 건너가 쿤로브 그룹(Kuhn Loeb & Co.)의 총재로서 미국 재계에 군림하였다.[3]

---

3) 시프에 관해 일본어로 읽을 수 있는 평전이 최근 간행되었다. 일본 정치사에 그가 끼친 영향을 이해하는 데 유용한 정보가 포함되어 있다(타바타 노리시게田畑則重, 『일러전쟁에 투자한 남자―유대인 은행가의 일기』(日露戦争に投資した男―ユダヤ人銀行家の日記), 신초신서, 2005).

그는 메이지明治(1868~1912) 말년 일본 정부의 일부 인사들과 군부에 잊을 수 없는 인상을 남겼다. 러일전쟁 당시 일본 정부가 발행한 8천 2백만 파운드의 전시 공채 중 3천 9백 25만 파운드를 그가 부담해 주었기 때문이다. 시프는 제정 러시아에서 발생한 '포그럼pogrom(반유대 폭동)'에 분노하여, 학살·능욕당한 '동포'를 대신한 보복으로서 러시아 황제에게 군사적인 철퇴가 가해지기를 바랐다. 일본의 군비 조달에 협력함과 동시에, 시프는 그룹의 영향력을 행사하여 구미의 은행들이 러시아 정부가 발행하는 전시 공채를 인수하지 못하도록 만들었다. 이 유대 금융 자본 네트워크의 국제적인 지원은 러일전쟁의 귀추에 적지 않은 영향을 끼쳤다.

시프는 그 후에도 생애에 걸쳐 '반유대'적인 제정 러시아와 계속 싸웠다(러일전쟁 후에는 러시아 국내의 혁명 운동을 지원하기 위해 케렌스키Alexander Kerensky(1881~1970)[4]에게 자금을 지원했다). 그러나 그는 태어난 고향인 독일 연방은 물론 시민이었던 미국에도, 자금을 원조했던 일본에도, 혁명 운동을 지원했던 소비에트 연방에도(물론 당시 존재하지 않은 이스라엘에도), 그 어떠한 근대 국가에도 '국민'으로서의 귀속감을 품지 않았다.

분명 그는 미국 재계의 실력자였지만, '바람직한 미국 시민'이었

---

4) 1917년 2월 혁명으로 제정이 쓰러진 후 생긴 임시 정부의 수반이자 소비에트 부의장을 지냈다. 전쟁을 반대한 볼셰비키의 10월 혁명이 일어나자 프랑스를 거쳐 미국으로 망명하였다. 본래 혁명가들을 변호했던 인권 변호사로 명망을 얻었고, 전시에 사형제 폐지, 군 장교 처벌 등의 개혁을 실시하였다—역주.

다고는 할 수 없다. 외교는 정부의 전관 사항임에도 불구하고 시프는 자신의 '동포'를 위해 일본과 '개인적인 군사 동맹'을 체결하여 러시아와 거의 '개인적인 전쟁'을 수행했기 때문이다.

나는 이러한 유형의 일본인을 상상할 수 없다.

비단 나뿐만 아니라 '국민국가와 국민'이라는 틀로 사고하는 한 우리는 이러한 유형의 인간이 어떻게 태어난 것인지, 그의 뇌리에 새겨진 '동포'라는 개념이 어떠한 것인지를 이해할 수 없다.

이것이 내가 이 책의 출발점에서 독자에게 강조해 두고 싶은 사항 중 하나이다. 우리 일본인들이 일본의 정치 단위나 경제권이나 전통문화에 묶여 있는 것과는 완전히 이질적인 어떤 것에 의해 유대인들은 통합되어 있다. 그 '완전히 이질적인 어떤 것'은 우리의 어휘에는 비유적으로조차 존재하지 않는다. 우리는 이 무지의 자각으로부터 시작해야 한다.

내가 아는 한, 우리 일본인이 유대인에 대해 범해 온 모든 오해는 유대인과 일본인을 동종의 집단 범주라고 간주했던 안이한 설정에 뿌리내리고 있다. 우리가 집단에 귀속감을 느끼는 방식과 동일하게 유대인들도 자신의 에스닉 그룹에 귀속감을 느끼리라는 공감과 감정 이입의 방식은 우리의 '기습'을 확대 적용하는 것일 뿐이다. 우리가 이해하기 힘든 공동체 의식이나 우리의 지적 습관에 포함되지 않는 사고법이 이 세상에는 존재한다. 현재 우리가 가진 사고의 문법으로 그러한 것을 표현하기란 불가능하다.

이 짤막한 책을 통해 내가 이해받고 싶은 것은 '유대인'이란 기존 일본어 어휘에는 대응하는 말이 없는 개념이라는 점, 그리고 그 개념을 이해하기 위해서는 우리들 자신의 몸에 깊숙이 퍼져 있는 민족지적 편견을 부분적으로나마 해소할 필요가 있다는 점, 이 두 가지 사항이다.

이 논고를 읽고 난 후에 여러분이 이 두 가지 사항에 동의한다면(결국 '유대'라는 개념이 무엇인지 이해되지 않는다 하더라도), 이 논고를 쓴 목적의 절반 이상은 달성하는 셈이 된다.

2. 유대인은 무엇이 아닌가?

누구라도 좋으니 옆에 있는 사람에게 '유대인'이라는 말에서 연상되는 명사를 무작위로 열거하게 해 보자. 아마 다음과 같은 리스트를 만들 수 있을 것이다.

구약 성서, 아우슈비츠, 이스라엘, 팔레스타인 난민, 중동 전쟁, 네오콘, 드레퓌스 사건, 카발라, 『탈무드』, 『시온 의정서』, 『안네의 일기』, 「쉰들러 리스트」, 「피아니스트」, 스피노자, 칼 마르크스, 그루초 막스Groucho Marx(1890~1977)[5], 지그문트 프로이트Sigmund Freud(1856~1939), 에마뉘엘 레비나스(1906~1995), 클로드 레비스트로스Claude Lévi-Strauss(1908~2009), 자크 데리다Jacques Derrida(1930~2004), 알베르트 아인슈타인Albert Einstein(1879~1955), 찰리 채플린

---

[5] 미국의 코미디언 겸 영화배우. 그를 비롯해 네 명의 형제가 함께 '막스 형제'로 활동하며 코미디 작품으로 유명세를 탔다―역주.

Charlie Chaplin(1889~1977), 우디 앨런Woody Allen(1935~), 폴 뉴먼Paul Newman(1925~2008), 구스타프 말러Gustav Mahler(1860~1911), 블라디미르 아슈케나지Vladimir Ashkenazy(1937~)[6], 리처드 드레이퍼스 Richard Dreyfuss(1947~)[7], 스티븐 스필버그Steven Spielberg(1946~), 로만 폴란스키Roman Polanski(1933~) 등등.

유대인이라는 말에서 연상되는 것들은 실로 다방면에 걸쳐 있다. 유대인은 구약 성서 시대에 중동에 거주한 특정 민족 집단을 가리키는 데만 그치지 않고, 현재의 정치·경제·미디어·학술 등 다양한 수준과 영역에서 고유의 함의를 계속하여 이어 가고 있다.

'함의connotation'라는 기호학 용어가 있다. 이는 말의 '사전적 어의dénotation'와 달리, 사람들이 암묵적으로 이해하고 있는 '뒤편에 있는 의미'를 가리킨다. 예를 들어 '큐슈 남아'라는 말은 사전적 어의에 한정할 때 '큐슈 태생의 남성' 이상의 의미를 가지지 않으나, 우리들이 실제로 그 말을 사용할 때에는 "솔직 담백하고, 심신이 곧으며, 담력이 세고, 음주를 좋아하며, 자아가 강하고, 남존여비 사상을 가진 사람으로······"라는 일련의 인물상을 연상시킨다. "오사카에서 태어난 여자니까"라든지 "우린 에도 토박이니까"와 같은 말의 경우에도 단순히 거주하는 땅을 가리키는 데 머물지 않고, 인격 특성이나 가치관이나 신체 운용이나 성적 기벽 등에서 전형적

---

6) 러시아 출신의 피아니스트이자 지휘자―역주.
7) 미국의 영화배우―역주.

인 인물상을 우리에게 상기시킨다. 그럼에도 '유대인'이라는 단어가 가진 함의의 폭과 깊이는 '큐슈 남아'나 '에도 토박이'와는 비교 대상이 되지 않는다.

프랑스어에 "Juif est Juif(유대인은 유대인이다)"라는 표현이 있다. 이 표현은 "정말로 샤를이라는 녀석은 타산적이군, 유대인은 '유대인'이야"라는 식으로 사용된다.

"유대인은 '유대인'이야"라는 이 동어 반복문은 함의와 사전적 어의의 차이를 단적으로 보여 준다. 주어인 유대인은 중립적·지시적인 사전적 의미이다. 그러나 술부의 유대인에는 이미 '이교도, 신을 죽인 자, 수전노, 부르주아, 권력자, 매국노······'라는 적대적·모멸적인 함의가 포함되어 있다.

'유대인'이라는 말에 관해서 우선 확실히 해 두어야 할 것은 이를 중립적·지시적인 의미로 사용하기란 거의 불가능하다는 점이다. 우리는 '유대인'이라는 사회 집단의 명칭을 사전적 의미로 한정하여 사용할 수 없다. 이미 어떤 가치 판단을 집어넣지 않고서는 이 용어를 사용할 수 없는 것이다. 우리는 유대인을 비호할 것인지 단죄할 것인지, 유대인의 존속을 지지할 것인지 그 소멸을 요구할 것인지, 어느 쪽에 설 것인지 정한 후에만 유대인에 관해 말할 수 있다. 우리가 '유대인은'이라는 주어를 문두에 놓고 말하기 시작할 때, 말하고 있는 나 자신은 물론 듣고 있는 사람도 '유대인이란 어떤 존재인가'를 이미 알고 있으며, 이에 대한 가치 판단이 이미 내려져 있다는 점이 암묵적으로 서로에게 양해되고 있다.

이것이 유대인에 관해 말할 때 나타나는 상당히 거슬리는 타성이다.

혹시 어디선가 "아니, 나는 유대인에 관해 모든 편견과 선입관을 배제한 채 이야기할 수 있다"고 주장하는 사람이 나타날지 모르겠다. 그러나 나는 그러한 주장을 믿지 않는다. 그 경우에도 그 사람은 '유대인'이라는 단어에 수반되는 편견이나 선입관으로부터 자유롭다는 점을 증명하기 위해 자신이 어떻게 유대인을 둘러싼 무수한 민족지적 편견으로부터 '해방'되었는지, 그 과정에 대해 설명할 책임으로부터 벗어날 수 없기 때문이다. 그리고 그 경우 그는 (자신이 '해방'되었다고 칭하는) '민족지적 편견'을 빠짐없이 모두 열거해야 한다는 요구를 받아들여야 한다. '유대인에 관한 모든 편견이나 선입견으로부터 자유로운 사람'이 혹시 있다면, '유대인에 관한 모든 편견이나 선입관에 관해 총괄적인 목록'을 완성한 적이 있는 사람이어야 한다(그 조건을 만족시킬 사람은 최악의 반유대주의자들 속에서 찾아낼 수밖에 없다).

유대인이라는 말은 유대인에 대한 가치 판단을 내린 후에만 사용할 수 있다. 따라서 이 말을 중립적·지시적으로 사용하기란 원리적으로는 불가능하다.

꽤나 성가신 이야기이므로, 여기까지 읽은 독자로부터 "그런 복잡한 이야기라면 됐습니다"는 말이 나올 수도 있겠는데, 조금 더 이야기를 들어 보기 바란다. 잘 생각해 보면 이 정도의 성가심은 유대인에게 한정되지 않고 모든 '○○인'에 대해서도 들어맞는다.

우리가 그 점을 잊고 있을 뿐이다. 예컨대 '일본인'이라는 민족 명칭도 일의적으로 정의하기는 곤란하다. 아이누 민족이나 류큐琉球 제도 사람들[8]은 '일본인'일까? 귀화한 외국인은 일본인일까? 미국으로 이민 가서 시민권을 얻은 일본인은 일본인일까? 조몬 시대에 열도에 거주한 사람은 일본인일까?

'일본 정부의 지배가 미치지 않는 일본인'이나 '외국에서 일본으로 귀화한 일본인'이나 '일본 국적을 잃은 일본인'이나 '일본이 생기기 전의 일본인'을 '일본인' 안에 포함시켜도 좋다고 한다면 '일본인'이라는 말은 정의가 불가능해진다.

그렇다고 하여 '일본인'이라는 단어는 일의적인 개념 규정이 내려지지 않은 무의미한 말이므로 오늘부터 사용하지 말자고 할 수도 없다. '일본인'이라는 단어를 사용하지 않으면, '일본인'이라는 개념은 어떤 경우에 사용할 수 있으며 어떤 경우에는 부적절한지 논의조차 시작할 수 없기 때문이다.

'어떤 말의 일의적인 정의가 불가능하다'는 것과 '어떤 말을 사용할 수 있다'는 것은 차원이 다른 이야기이다.

'신'이라는 개념에 대해서도 동일하게 말할 수 있다. '신'은 정의상 인간의 앎을 넘어서 있다. '신'을 '신'이라고 이름 붙인 우리들의 인식 능력 자체가 (그 비정상 상태나 결손을 포함하여) '신'에 의해

---

[8] 각각 홋카이도 원주민과 오키나와 원주민을 가리킨다. 홋카이도는 1868년 메이지 유신을 통해 공식적으로 일본 영토로 편입되었고, 현재의 오키나와인 류큐 왕국은 1879년에 편입되었다—역주.

부여된 이상, 인간이 '신'에 관해 부족함 없이 말할 수는 없다. 그렇다고 하여 '신'과 같이 정의 불가능한 말을 사용하지 말자고 한다면 곤란한 처지에 놓이게 된다. 그렇게 비판하는 당사자 본인이 말하는, "신은 '신'이라는 단어를 가지고서는 기술 불가능하다"는 명제 자체도 이미 '신'이라는 단어를 사용하고 있기 때문이다.

어떤 말의 사전적 의미를 조사하면 의미를 알 수 없는 말이 나온다. 그 의미를 알 수 없는 단어의 어의를 조사하면 처음에 조사했던 말이 다시 나온다. 우리는 그러한 영원한 순환 참조의 우리 안에 갇혀 있다. 객관적으로 기초되지 않은 개념을 사용하면 기분이 상하는 사람도 있겠지만, 인간의 말이란 본질적으로 그런 것이므로 체념할 수밖에 없다.

이야기를 되돌리자. 유대인이라는 말은 중립적·지시적인 명칭이 아니다. 따라서 당연히 일의적인 정의도 존재하지 않는다. "유대인은……"이라는 문장을 써 버린 사람은 그때 이미 그 사람의 주관적인 '유대인론'을 말하는 셈이 된다. 따라서 내가 이 논고를 '사가판'이라고 한정한 것은 그런 의미에서는 불필요한 말장난에 지나지 않는다.

그렇지만 자신이 사용하는 '유대인'의 정의가 어디까지나 사적이자 잠정적인 것에 지나지 않으며 범용성을 요구할 수 없다는 제한을 둔다면, 그 정의는 한정된 범위에서는 사용이 허용된다. 나는 그렇게 생각하고 있다.

그렇다면 내 자신의 잠정적인 유대인 정의로부터 이 논고를 시작하겠다.

어의를 정의하기 힘든 단어가 가진 의미의 경계선을 확정하기 위해 한 가지 유효한 방법이 있다.

그건 '유대인은 무엇이 아닌가?'라는 소거법이다. 이는 내가 독자와 소통할 수 있는 당장의 유일한 '공통의 기반'이다.

첫째로, 유대인은 국민명이 아니다. 유대인은 단일 국민국가의 구성원이 아니기 때문이다.

유대인은 세계에 흩어져 있으며 이스라엘에서 일본에 이르기까지 세계 각지에 살고 있다. 물론 장소에 따라 국적도 생활 방식도 사용하는 언어도 다르다. 네게브Negev 사막9)에서 농업을 하는 사람, 뉴욕에서 은행업을 하는 사람, 파리에서 음악가를 하는 사람, 우즈베키스탄에서 양치기를 하는 사람……. 그 밖에도 다양한 유대인이 세계 각지에 있으며 다양한 국적을 가진 채 다양한 언어를 말하며 살고 있다.

'유대인의 나라'인 이스라엘에도 세파르딤Sephardim계는 '라디노Ladino', 아슈케나짐Ashkenazim계는 '이디시Yiddish'(라디노와 이디시는 각각 스페인어, 독일어와 혼합된 언어)라는 다른 언어를 지금도 유지하고 있다(거기에 이스라엘 국민의 20퍼센트는 이슬람교도이므로 이스라엘은 엄밀한 의미에서는 '유대인의 나라'가

---

9) 이스라엘 동남부의 사막으로 이스라엘의 약 절반을 차지한다—역주.

아니다).

경건한 유대교 집안에서는 아이들에게 히브리어를 가르치기도 하지만, 종교적인 의례에 사용되는 성서 히브리어는 현재 이스라엘에서 사용되는 현대 히브리어와는 다른 언어이다.10)

둘째로, 유대인은 인종이 아니다.

'유대인은 매부리코'라고 자주 표현된다. 검은 머리라든지 거무스름한 피부라는 표현도 있고, 혹은 훨씬 전문적으로 두개골의 직경이 아리아 인종과 다르다고 주장한 인류학자도 19세기에는 있었다.11) 지금도 유대인을 야유하거나 공격하려는 목적으로 행해지는 프로파간다에서는 전형적인 유대인 희화가 반복적으로 그려진다.

구미에 널리 유포되어 있는 유대인 도상에는 두 종류가 있다. 하나는 거무스름한 피부에 검은 곱슬머리, 매부리코에 뚱뚱하게 살찐 욕심 많아 보이는 중년 남성의 상이며, 다른 하나는 매부리코에 잔인해 보이는 삐쩍 마른 노인의 상이다. 어째서 '욕심 많아 보이는 중년 남자'와 '잔인한 노인'이 전형적인 화상으로 선택되었는

---

10) 현대 히브리어는 리투아니아의 학자인 엘리에제르 벤-예후다Eliezer Ben-Yehuda(1858~1922)가 성서 히브리어에 기초하여 만든 '인공어'이다.

11) 셈족와 아리아족의 두개골 직경에 유의미한 차이가 있다고 생각한 사람은 프랑스의 인류학자인 라푸주Georges Vacher de Lapouge(1854~1936)이다. 그는 묘지를 파헤쳐 죽은 사람의 두개골을 계측하여 그러한 결론을 얻었다고 한다.

지에 관해서는 역사적인 사실이 있는데, 이는 나중에 다시 다룰 기회가 있을 것이다.

한편 유대인 여성의 경우에는 미녀가 상당히 많다고 간주된다. 이 또한 중세 이래 유대인과 얽힌 신화의 하나이다(에로틱한 매력으로 기독교도 남성을 타락시킨다는 이야기가 계속된다).

예컨대 월터 스콧Walter Scott(1771~1832)[12]의 『아이반호Ivanhoe』(1817)에는 레베카라는 이름의 유대인 미녀가 나온다. 그녀가 무술 시합장에 등장하는 장면 묘사는 다음과 같다. "존은 여자 품평에 꽤나 예리한 눈매를 지녔다. 이 임금의 아우 눈에도 레베카의 모습은 잉글랜드에서도 최고라 할 기품 있는 미녀들과 비교하여 떨어지지 않아 보였다. 몸매는 훌륭히 균형이 잡혀 있었다. 그리고 유대인 여인네의 풍속대로 맵시 있게 차려입은 동양 의상으로 한층 돋보였다. 금색의 비단 터번은 거무스름한 피부와 잘 어울렸다. 빛나는 눈동자, 기막힌 눈썹 모양, 높게 구부러진 멋진 코, 진주처럼 하얀 치아, 탐스럽게 늘어진 칠흑 같은 머리칼……."[13]

스콧은 아무래도 '동양계 미녀'와 '유대계 미녀'의 이미지를 혼동한 듯 보이나, 인종과 관련된 문제에서 우선시되는 것은 사실이 아

---

[12] 스코틀랜드 에든버러 출신의 작가. 에든버러 대학교에서 법학을 전공한 후 변호사가 되었다가 25세에 시인으로 작가 활동을 시작하였으며, 이후 역사 소설가로서 이름을 알렸다. 현재 스코틀랜드 은행이 발행하는 모든 지폐에 그의 초상이 사용되고 있다―역주.

[13] 월터 스콧, 『아이반호(상)』, 키쿠치 타케카즈菊池武一 옮김, 이와나미 문고, 1946, 121쪽.

니라 환상이므로 이는 이대로 중요한 문헌 자료이다(스콧의 이 묘사는 후일 에드워드 사이드Edward Said(1935~2003)가 '오리엔탈리즘Orientalism'이라고 명명한 '이국적인exotic 것'의 환상적인 표상에 안성맞춤인 사례이다).

유대인을 다른 민족 집단과 구분할 수 있는 유의미한 생물학적 특징은 존재하지 않는다. 갈릴리의 유대교 공동체 내부에서 자라고, 아람어14)로 포교 활동을 행하고, 후에 골고다 언덕에서 사형당한 청년의 경우를 생각해 보면 알 수 있다. 이 '랍비'와 그 사도들이 자신의 동시대, 동 지역, 동 종파 내의 논쟁 상대였던 사두개파Saddukaios나 바리새파Pharisees15) 사람들과 '인종이 다르다'고 주장하는 사람은 반유대주의자 중에서조차 존재하지 않을 것이다. 그러나 이 '랍비'가 말했다고 복음서에 전하는 "유대인에게 내려진 저주"는 이후 2천 년에 걸쳐 '인종 차별'의 논거를 제공해 왔다. 인간 세상에는 대개의 경우 제도적으로 구성된 차이가 생물학적인

---

14) 기원전 500년에서 600년 사이 시리아와 메소포타미아에서 사용된 셈어계 언어로, 기원전 1000년 아시리아의 패권하에 국제어가 되었으며, 상당수의 유대교 성전과 구약 성서의 일부가 아람어로 기록되었다. 예수 또한 남방 아람어를 사용하였다―역주.

15) 기원전 2세기 후반에 일어난 유대교의 한 종파로 모세의 율법을 엄격히 지켰다. 신전 예배를 중시한 사두개파와 달리 바리새파는 경전과 율법 해석을 중시하였다. 기원전 70년 예루살렘 신전 파괴 후 사두개파가 소멸하고 바리새파가 정통파로 인정되었으며, 현재의 유대교도 이 그룹을 중심으로 파생되었다―역주.

차이를 기호적 특징으로 만들어 내지, 그 반대는 아니다.

따라서 제도적으로 구성된 차이가 유의미하다면 유대인 내부에서도 이를 '인종적 차이'로 간주하는 사태가 벌어진다. 일반적으로는 이베리아 반도·북아프리카계 유대인을 '세파르딤'16), 프랑스·독일·동유럽계 유대인을 '아슈케나짐'17)으로 나누는 구별이 12세기 이후 행해지고 있는데, 이 구별은 종교 교의와 언어의 차이에 기초한 것일 뿐, 인종적 차이를 의미하지 않는다. 그런데도 여전히 (유대인을 포함한) 많은 사람들이 그 두 집단을 가르는 것이 어떤 신체적 특징의 차이라고 생각하고 있다.

유대인을 인종 개념으로 의미화하려는 조직적인 시도는 20세기에 행해졌다. 나치 독일의 뉘른베르크 법Nürnberger Gesetze이 그것이다. 이는 1215년 제4차 라테라노 공의회Lateran Council에서 교황 인노켄티우스Innocentius 3세(1160~1216)가 정한 유대인 규정("8분의 1에 해당되는 피를 조상인 유대인 교도로부터 이어받은 자를 유대인으로 한다")을 되살린 것이다.

뉘른베르크 법은 '비非아리아인'을 세 종류의 카테고리로 나눴다. 본인이 믿는 종교와 상관없이 '조부모 대에 3명 이상이 유대교

---

16) 1492년 이베리아 반도 추방령으로 인해 북아프리카, 이탈리아, 오스만 튀르크, 이후 네덜란드, 영국, 프랑스, 신대륙 등지로 이산한 유대인의 총칭. 공통어는 라디노이다.

17) 북프랑스, 독일, 폴란드 등 동유럽에 정주한 유대인 및 그 자손(현재는 이스라엘, 미국, 영국 국민이 많다). 공통어는 이디시이며, 세계 유대인 인구의 90퍼센트를 점한다.

도인 자'는 '유대인', '조부모 두 사람이 유대교도'인 사람은 '제1종 혼혈자', '조부모 중 한 사람이 유대교도'인 사람은 '제2종 혼혈자'로 결정되었다. 그 결과 1939년 행해진 국세 조사에서 독일에는 신앙 종교에 근거한 '유대교도' 22만 명과 법률이 정한 '인종적 유대인' 2만 명이 병존하게 되었다.

하지만 이 법제 또한 유대인에 관해 일의적인 정의를 내리는 데는 성공하지 못했다. 여기서는 법률상의 '유대인'과 종교상의 '유대인'이 다른 카테고리로 취급되고 있기 때문이다. 그 결과 자기 자신은 '기독교도 독일인'으로서 강고한 민족적 정체성을 가지면서도 유대인으로 구분되어 차별의 대상이 된 사람들이 당시 만 명 단위로 출현했다. 뉘른베르크 법에 근거해 수용소로 이송되어 죽음을 당한 '인종적 유대인' 중에는 경건한 기독교도, 제1차 세계대전의 영웅, 1931년에 히틀러를 환호로 맞이한 사람들도 포함되어 있었다. 이 기묘한 법률로 인해 인종으로서의 유대인 개념은 조금이라도 일의화되기는커녕 오히려 더 혼란스러워졌다.

유대인은 무엇이 아닌가라는 소거법을 조금 더 계속해 보자.

셋째로, 유대인은 유대교도를 의미하지 않는다.

근대 시민 혁명에 의한 '유대인 해방' 이후, 상당수의 유대인이 기독교로 개종했다.[18] 그 때문에 서구 유대인 사회는 거의 소멸될

---

18) 프랑스 혁명 이전까지 유럽에서 유대인은 직업, 거주, 복식 등을 포함한

위기에 직면했다. 그러나 유대인은 다른 종교를 믿고자 해도, 혹은 믿고 있어도 유대인이라는 사실에서 벗어날 수 없다는 점을 뉘른베르크 법과 '홀로코스트'는 가르쳐 주었다.

유대인과 '유대교도'가 동의어였던 때는 근대 이전까지이다. 근대 이전에는 유대인을 '유대교도'라고 정의 내리는 데에 잘못이 없었다(표면상 기독교로 개종한 후에도 유대교 신앙을 버리지 않았던 '신기독교도'[19]의 사례도 있지만).

기원후 70년에 티투스Titus Flavius Vespasianus(39~81)가 이끄는 로마군에 의하여 예루살렘의 제2신전[20]이 파괴되었고, 이에 따라

다양한 방면에서 자유를 제약받고 차별당했다. 근대에 들어서도 유대인에게는 시민권조차 허락되지 않았다. 유럽의 유대인 해방은 1791년 프랑스를 시작으로 1830년 그리스, 1832년 캐나다, 1834년 네덜란드, 1835년 스웨덴, 1849년 덴마크, 1856년 스위스, 1858년 영국, 1861년 이탈리아, 1871년 독일, 1877년 미국, 1878년 불가리아, 1878년 세르비아, 1890년 브라질, 1910년 스페인, 1911년 포르투갈, 1917년 러시아, 1923년 루마니아에 이르기까지 18세기에서 20세기에 걸치는 오랜 기간을 통해 이루어졌다—역주.

19) '신기독교도cristianos nuevos'란 이베리아 반도가 무슬림의 지배하에서 기독교도국의 패권하에 다시 들어오자 가톨릭으로 개종한 이베리아 반도의 유대인이나 무어인을 가리키기 위해 사용된 용어이다. 단순히 '개종자'라는 의미도 있으나, '돼지들'이라는 뜻을 포함하기도 했다. 이들은 기독교 세례명으로 이름을 바꾸면서 히브리와 아랍어 이름을 버리기까지 했지만, 실제로는 유대교를 버리지 않은 잠복 유대교도들로 간주되었다—역주.

20) 제1신전은 기원전 10세기에 솔로몬 왕이 건축했고, 제2신전은 바빌론 해방 후인 기원전 515년에 같은 장소에 건립되었다. 이어 기원전 20년 헤롯왕이 전면 개축에 가까운 확장 공사를 행했지만 기원후 70년 유대 전쟁에서 로마군에 의해 파괴된다—역주.

유대인 국가는 소멸한다. 나라를 잃은 유대교도들은 세계 각지로 이산하는데, 가는 나라마다 독립된 집단을 형성했고, 정도의 차이는 있으나 그 지역의 주류 종교로부터 차별 대우를 받으며 살아갔다. 그런데도 거의 모든 유대교도는 복장이나 식사나 혼인이나 소송 등에서 선조 전래의 종교 의식을 충실히 지켰다. 그 때문에 기독교국에서 유대교도들은 장기간에 걸쳐 조직적인 박해의 대상이 되었다.

참고를 위해 대표적인 역사적 사실만을 열거해 보자.

십자군 때의 마인츠 학살(1096)[21], 사자왕 리처드의 부재 시 영국에서 일어난 학살[22], 흑사병 유행 시의 학살(유대교도가 우물에 독을 풀었다는 유언비어로 인해), 바티칸이 공포한 '노란 배지' 착용 명령(1215)[23], 에드워드 1세에 의한 영국 추방과 자산 몰수(1290),

---

[21] 십자군 전쟁의 제1목적은 무슬림이 지배하는 예루살렘의 탈환이었으나, 유대인 또한 그들의 공격 목표가 되었다. "예수의 살인자, 십자가를 받아들이지 않으면 죽음을!"이 유대인에게 내건 십자군의 슬로건이었다. 1차 십자군 전쟁으로 마인츠에서만 1만 2천 명의 유대인이 살해되었으며, 이후 8회에 걸친 추가 공격이 있었다고 전해진다—역주.

[22] 유대인의 모든 자산이 왕가에 의해 몰수되었으며, 런던에 거주하던 유대인의 집들은 거의 불탔다—역주.

[23] 1215년 제4차 라테라노 공의회에서 유대인의 의복 겉에 유대 전통의 육각뿔 모양 노란색 배지를 반드시 붙이도록 하는 명령이 내려졌다. 유대인은 배지를 붙이지 않고서는 외출할 수 없었다. 군중은 배지 착용자를 공공연히 폭행·강탈했고, 때로는 배지 착용자가 시체로 발견되는 일까지 있었다고 한다. 이 조치는 중세 전체에 걸쳐 유럽에서 행해졌으며, 이후 제2차 세계대전 시 나치에 의해 부활되었다—역주.

파리의 『탈무드』 금서 명령(1242), 세비야와 코르도바에서의 학살(1391)24), 프랑스 추방령(1394), 이베리아 반도에서의 유대인 추방령(1492), 폴란드에서 일어난 코사크의 유대인 학살(1648~1649)25) 등 중세로부터 근대에 걸친 유대인 역사는 거의 전부가 박해의 사적으로 뒤덮여 있다.

역사적 문맥은 각기 다르지만 공통점은 유대인들이 기독교로의 개종 요구를 거절할 때마다 폭력이 휘둘러졌다는 것이다. 이는 반대로 말하면 로마 교회나 기독교 군주들이 아무리 강제 개종을 시도해도 유대교도를 개종시키기가 매우 곤란했음을 의미한다. 유

---

24) 당시 스페인 왕가는 유대인에 대해 이중적 태도를 취하고 있었다. 유대인으로부터 금전적 지원을 받고 있었으므로 한편에서는 유대인을 비호하였으나, 다른 한편에서는 유대인과 기독교의 분리 정책을 취했다. 이 중 유대인 비호 정책이 일반 대중의 분노를 자극하여 스페인 주요 도시에서 폭동이 일어났는데, 특히 세비야와 코르도바에서 참혹한 결과가 일어났다. 유대인 거주지가 불탔으며, 남녀노소 가릴 것 없이 각각 약 4천 명과 2천 명의 유대인이 길거리에서 살해되었다고 한다―역주.

25) 유대인들이 폴란드 땅에 본격적으로 발을 디딘 것은 1차 십자군 전쟁 시의 박해를 피하기 위해서였다. 당시 폴란드는 유대인에게 관대했으며, 유대인들은 폴란드 경제의 중추를 이뤄 가기 시작했다. 이후에도 서유럽의 지속적인 박해를 피해 더 많은 유대인들이 폴란드로 이주했다. 16세기 초에는 폴란드 국가 공인 랍비가 등장하기도 했다. 하지만 16세기 중엽부터 리투아니아 및 우크라이나와 연방을 형성했던 폴란드에 분열이 일어나고 급기야 우크라이나의 코사크 기병대가 독립을 요구하며 거병한다. 코사크는 경제의 핵심이었던 유대인들이 자신들을 폴란드의 노예로 팔고 있다며 공격을 개시했다. 도망자를 포함해 유대인 사망자가 10만 명에서 20만 명에 이른다는 설도 있으나 확실한 수치는 아니다―역주.

대교도의 '완고함'을 말해 주는 인상적인 사례를 하나 들어 보자.

역사상 최대 규모의 박해 중 하나인 이베리아 반도의 유대인 추방령(1492)은 3개월 이내에 기독교로 개종하지 않는 유대교도는 스페인 영토에 머물러서는 안 되며, 이를 위반하는 자는 사형에 처한다고 선포했다. 페르난도 5세와 이사벨 1세의 '가톨릭 양왕'이 노렸던 바는 스페인 전토의 기독교화로서, 정치에 중용된 유대교도 관료나 호상들(예컨대 양왕에게 막대한 대부를 행했던 측근 랍비인 이삭 아브라바넬Isaac Abrabanel(1437~1508)[26] 등)은 추방령의 압박에 무릎을 꿇고 개종하여 스페인령에 머물며 기득권을 유지하리라 예측되었다. 그러나 실제로는 영내의 거의 모든 유대교도가 신앙을 지키기 위해 전 재산을 버리고 타향으로 떠났다.

유대교도가 기독교국 내에 존재하고 그 나름의 사회적 활동을 한다는 사실은 기독교도들에게 사회의 기독교화가 여전히 성숙되지 않았음을 의미했다. 그러나 온갖 탄압과 공갈에도 유대교도를 기독교도로 개종시키기란 상당히 힘든 일이었다.

필시 이 강제 개종의 조직적 실패로부터, 기독교국 안에 유대교도가 존재한다는 사실이 유럽의 기독교화라는 목표와 배치되지 않는다는 '한 바퀴 비틀린' 논리의 발명이 필요하게 되었다. 즉 그들이 개종을 거부하여 차별 대우를 당하고 고통 받는다는 사실 그

---

[26] 포르투갈 리스본에서 태어난 랍비이자 금융업자. 유대인 정주를 허락받기 위해 수차례에 걸쳐 막대한 돈을 포르투갈 왕에게 바쳤지만, 결국 이탈리아로 이주하여 베네치아에서 사망하였다—역주.

자체가 "살무사의 자식들"27)에게 신의 저주가 내렸다는 것을 가차 없이 증명하며, 기독교 가르침의 진리성을 증명한다는 설명이 행해졌던 것이다.

이는 미셸 푸코Michel Foucault(1926~1984)가 『광기의 역사』에서 광인의 사회적 기능에 관해 제시한 견해와 통한다. 광인들이 "중세의 인간적인 풍경 속에 친근한 모습으로 등장했던 까닭은"28) 그들이 '신이 내린 저주'의 살아 있는 증거였기 때문이다. 광인, 장애인, 가난뱅이가 올바른 신앙을 가지지 않은 자들에게 신이 내린 벌의 가시적 표현이라고 간주되는 한, 역설적이지만 기독교 세계에서 그들은 '신성한 자'로 여겨졌다. 이와 동일한 논리로 기독교국 내의 유대교도의 존재도 '정당화'된다.

중세의 회화에는 '매부리코'나 '물갈퀴가 달린 발'이나 '뿔'이 유대인의 생물학적 특징으로 반복되어 그려졌다. 이는 누구나 알고 있는 악마의 도상학적 징후이다. 흑사병 균을 퍼뜨리거나 우물에 독을 투척하거나 유아를 유괴하는 행위 등 유대인의 죄로 돌려진 비현실적인 범죄들도 바로 '악마와 같은' 행동이다. 유대인은 '철저하게' 신에게 등을 돌린 자로 비쳤다. "철저하게 신에게 등을 돌린 자"가 되려면 신의 규칙을 알고 있어야 한다. 즉 '악마의 직계'인 유대인은 신이 다스리는 세계의 '덤과 같은 시민'으로서 시민권

---

27) 예수가 바리새파 유대인들에게 퍼부은 욕설로서, 살무사는 어미의 배를 가르고 태어난다는 모친 살해의 의미를 지닌다—역주.
28) 미셸 푸코, 『광기의 역사』, 타무라 하지메田村俶 역, 신초사, 1975, 81쪽.

을 부여받은 존재이다.

근대 이전의 유럽에서 유대교도가 특징적인 소집단으로 지속적으로 존재했던 것은 유대교도 자신의 완고한 신앙과 그들을 개종시키는 데 지속적으로 실패한 기독교도들의 이른바 '협동'의 성과였다.

유대교도의 '해방'은 광인이 성스러움을 잃는 역사적 추세와 거의 동시에 일어난다. 근대에 이르러 ('대유폐'에 의해 광인들이 수감되어 일상의 풍경에서 사라진 것처럼) 유대교도들이 부여받은 고유의 영적 사명도 상실되었다. 그들은 '악마의 직계'가 아니라 사회 시스템이나 치안이나 공중위생 수준의 '문젯거리'로 처리되기에 이르렀기 때문이다. 유대교도가 수행해 왔던, 예언의 진리성을 부정적인 방식으로 고지하는 역할을 유럽 시민 사회는 이제 필요로 하지 않게 되었다. 시민 사회 자체가 종교적 당파성을 차이화의 지표로 사용하는 관습을 버리자, 유대교 신앙은 유대인을 차이화하는 지표로서 더 이상 기능하지 않게 되었다.

앙리 그레구아르Henri Grégoire(1750~1831)나 클레르몽 토네르Clermont Tonnerre(1757~1792) 같은 계몽 사상가들은 '인권 존중'이라는 대의를 내걸고 유대인들의 해방을 요구했다. 다만 이를 오늘날의 '다문화 공존론'과 동일하게 논할 수는 없다. '해방자'들이 바랐던 바는 종교적 소수자가 고유한 정체성을 유지하면서 이웃으로 받아들여지는 것이 아니라, 유대인 스스로가 자신의 종교를 공개적으로 버리는 것이었기 때문이다.

'해방émancipation'은 '동화assimilation'와 쌍을 이루는 짝으로서 제안되었다. '유대인의 해방'은 '유대인의 소멸'(해방론자의 언어를 빌려 말하면 '유대인의 유대교로부터의 해방')을 의미하고 있었기 때문이다.

앙리 그레구아르는 유대인에게 시민권을 부여하라고 주장하면서, 유대인의 '수정'을 위해서는 유대교 공동체의 해체, 기독교로의 개종이 필요하다고 생각했다.

"민족nation으로서의 유대인에게는 어떤 것도 허락해서는 안 된다. 그들이 국가 내에 정치적 독립 집단, 자폐적 집단을 형성하게 해서는 안 된다. 그들은 개인으로서 시민이 되어야 한다"라는 클레르몽 토네르 백작의 말에는 원리주의를 고집하는 폭력성이 감지된다.

계몽주의자들의 해방론은, 유대교도를 기독교로 강제 개종시켜 그들을 '구제'하고자 했던 중세기 선의의 기독교 군주들의 사고와 본질적으로는 그리 다르지 않다. 해방론은 '이성의 빛' 안으로 유대교도를 수용하는 것을 겨냥했으나, 거기서 유대교도에 대한 경의를 찾기란 어렵다. 그 어느 쪽이든 유대인이란 보편적인 것에 저항하는 협소한 몽매의 체현자로서 연민의 대상이었다.

유대인들을 통합해 주는 뭔가가 존재하며, 그것이 근대 시민 사회의 통치 원칙과는 서로 녹아들 수 없다는 사실을 계몽주의자들은 정확히 이해했다. 만약 계몽 사상가들이 단순히 전근대적인 종교적 인습을 가련히 여기거나 혐오했을 뿐이라면, 그리고 어떠한 미망도 '문명의 빛'을 비추면 언젠가 저절로 개화된다는 역사의 진보를 믿었다면, "민족으로서의 유대인에게는 어떤 것도 허락해서는 안 된다Il faut refuser tout aux Juifs comme nation"라는 공격적인 언사를 택했을 리 없다.

이러한 언어 사용은 '민족으로서의 유대인'에 대한 '공포'나 '외포'에 가까운 감정을 어디엔가 감추고 있다. '어떤 것도 허락하지 않음'으로써 고사시키지 않는다면, 근대 시민 사회의 통치 원칙을 근본으로부터 손상시킬 가능성이 있는 그 무엇이 이 사회 집단에 존재하게 된다는 막연한 감정이 '해방 논리' 그 자체에서 노출되고 있다.

유대인 해방론을 다루는 말과 글에는 '유대인을 해방하려는' 논리와 함께 오랫동안 유대인을 차별하고 박해해 온 유럽인들 자신이 느끼는 '유대인으로부터의 해방'에 대한 절망이 무의식적으로 드러나 있다.

'유대인으로부터의 해방'이라는 표현을 어디선가 들어 본 독자도 있을 것이다. 이는 유대인에 관한 문서 가운데 아마도 현재까지 가장 널리 읽히는 것 중 하나인 칼 마르크스의 『유대인 문제에 관하여Zur Judenfrage』의 키워드이다.

마르크스 논리의 옳고 그름에 관해서는 여기서 논할 만큼의 지면이 없다. 당장에 우리가 기억해 둘 것은 하나로 족하다. 그것은 계몽주의 사상도, 이를 더욱 진전시킨 마르크스의 유대인 해방론도 '유대인(이라는 피차별자)의 해방'이 아니라, 오히려 '유대인(이라는 악몽)으로부터의 해방'이라는 문형을 취하고 있다는 점이다. 우리는 '박해'라든지 '해방'이라는 말을 가볍게 사용하는 것을 우리는 자제해야 한다. 왜냐하면 우리가 어느 집단을 박해하거나 무엇으로부터 해방을 요구하거나 하는 것은, 결코 '박해'라든지 '해방'이라는 말 자체에서 기대되듯이 기능적이고 주체적인 행동이 아니기 때문이다. 우리가 무엇을 박해하는 이유는 쫓아내고 쫓아내도 떼어 내기 불가능할 정도로 '그것'이 항상 우리를 따라다니기 때문이다. 우리가 '그것'을 가두고, 이동을 허락하지 않으며, 활동을 제약하는 이유는 '그것'이 시야에 머무르는 한 우리들의 존재 근거가 끊임없이 위협당한다고 느끼기 때문이다. 따라서 '그것'을 게토에 '유폐'하려는 정책과 '그것'으로부터 '해방'을 요구하는 정책은, 성가신 '그것'을 내쫓듯이 떨쳐 버리고 싶어 (하지만 불가능하여) 노심초사하는 태도를 취할 수밖에 없는 상황에서는 달리 선택의 여지가 없는 귀결인 것이다.

지금까지의 기술을 통해 우리가 우선 확보한 발판은 유대인이란 국민국가의 구성원도, 인종도, 종교 공동체도 아니라는 사실뿐이다.

그처럼 분명한 실체적 기초를 가지지 못했음에도, 유대인은 2천 년에 걸쳐 자신들을 배제하고자 하는 강렬한 도태증에 노출되면서도 살아남았다. 이 사실로부터 우리가 막연히 추리할 수 있는 결론은 위험하지만 하나뿐이다.

그것은 유대인은 '유대인을 부정하려는 자'의 매개를 통해 존재해 왔다는 점이다. 바꿔 얘기하면 우리들이 유대인이라고 칭하는 존재는 '단적으로 내가 아닌 무엇'에 덧씌운 이름이라는 말이다.

우리의 어휘에는 '그것'을 칭할 단어가 없으며, 따라서 우리가 '그것'에 관해 말할 때 사용하는 단어 하나하나는 우리들이 정한 '타자'의 윤곽을 불안한 손놀림으로 그려 내는 데 그칠 뿐이다. 우리는 유대인에 관해 말할 때 스스로 결코 깨닫지 못하면서 자기 자신에 관해 말하고 만다.

3. 반유대주의자가 유대인을 '창조'했는가?

19세기 말 프랑스에『유대적 프랑스La France juive』라는 반유대주의 서적을 쓴 에두아르 드뤼몽Édouard Drumont(1844~1917)[29]이라는 인물이 있었다. 그는 이 책에서 몽테뉴Michel de Montaigne(1533~1592)도 나폴레옹Napoléon Bonaparte(1769~1821)도 알렉상드르 뒤마Alexandre Dumas(1802~1870)도 강베타Léon Gambetta(1838~1882)[30]도 모두 유대인이라고 엄중히 고발했다. 그는 어떤 인간을 유대인이라고 판정할 때는 가계와 신앙에 상관없이 사고방식이나

---

29) 프랑스의 정치가이자 저널리스트. 19세기 최대의 베스트셀러인『유대적 프랑스』(C. Marpon & E. Flammarion, 1886)에서 프랑스 정재계의 피폐를 '유대화'라는 틀로 파악한 정치가로서 세상에 나왔다. 신문「자유 공론La Libre Parole」을 창간하고, 파나마 사건이나 드레퓌스 사건에서 민족주의 · 반유대주의의 입장에서 과격한 캠페인을 전개한 '근대 반유대주의의 아버지'이다.
30) 하층 계급 출신의 첫 프랑스 총리로서, 월급으로만 생활을 꾸린 근대적 의미의 첫 직업 정치인이다—역주.

가치관에 '유대인이라는 사실'의 각인이 뚜렷하게 나타나므로 결코 실수가 있을 수 없다고 호언장담했다.

그런데 조금 후에 다른 반유대주의자로부터 "이 드뤼몽이라는 자 또한 유대인이 아닌가?"라고 혐의를 받는 사건이 일어난다. 드뤼몽은 당황하여 가계도를 끄집어내며 필사적으로 변명을 시도했다. 하지만 "가계도 따위는 신용할 수 없다"고 본인 스스로가 단언한 후이므로, 어떠한 반박이 가능했는지는 모르겠다. 내가 가진 판본의 『유대적 프랑스』 서문에서 드뤼몽은 초판본에서 유대인으로 비난한 사람들 중 몇 명은 "유대인이 아니었다"고 인정하며, '오폭'에 대해 사죄하고 있다. 다만 어떻게 그들이 "유대인이 아니"라는 입증이 가능했는지에 대해서는 역시 아무것도 쓰지 않고 있다.

요컨대 드뤼몽은 "누가 유대인인지는 내가 판단한다. 내가 결정할 수 있는 근거는 내가 언제나 옳기(틀린 경우도 옳기) 때문이다"라는 식으로 주장했을 뿐이다. 놀랍게도 이런 몰상식한 정치적 주장에 동시대 프랑스인들은 압도적인 공감과 지지를 보냈다. 드뤼몽의 이 책은 에르네스트 르낭Ernest Renan(1823~1892)[31]의 『예수의

---

31) 고대 아랍어 및 문화의 전문가로서, 초기 기독교 연구와 민족주의적 정치이론으로 이름을 알렸다. 예수의 생애는 다른 역사적 인물과 마찬가지로 연구되어야 하며, 성경 또한 다른 역사적 문헌들처럼 연구되어야 한다는 주장으로 논쟁을 일으켰다. 또한 정치 이론에서는 특히 민족에 대한 정의로 논쟁을 불러일으켰는데, 독일의 철학자 피히테는 민족nation을 "공통의 특성을 공유하는" 인종, 에스닉 집단으로 정의하려는 시도를 한 반면, 르낭은 "지금까지 공동의 사업을 함께 수행해 왔으며, 앞으로도 그러기를 바라는" 집단으로 정의

생애Vie de Jésus』(1863)와 나란히 19세기 최대의 베스트셀러가 되었고, '근대 반유대주의 바이블'로서 '홀로코스트' 시대까지 장기간 읽혔다.

너는 유대인이다. 왜냐하면 "너는 유대인이다"라고 내가 선언했기 때문이다. 증명 끝.

이 말이 증명되지 않는다는 것은 초등학생이라도 안다. 그러나 이 언명이 현실적으로 유효하게 기능하는 이상, 여기에는 논리성과는 다른 종류의 설득력이 있다는 점을 인정해야 한다.

거기에는 종류를 달리하는 두 가지 언명이 포함되어 있다. 하나는 사실 인지적인 언명이다. '사실 인지적constative'이라는 말은 지식적이라는 뜻이다. "여기에 한 권의 책이 있다"는 문장은 사실 인지적이며, 일단은 주관적인 가치 판단을 배제한 중립적인 언명이다. 이와는 달리 "나는 이 규칙을 지키겠다"와 같이 발화자 자신이 주체적으로 실현을 서약하는 종류의 언명이 있다. 이러한 언명은 '수행적performative'이라 불린다.

유대인이 유대인인 까닭이 그를 '유대인'이라고 보는 사람이 있기 때문이라는 명제에는 유대인이 어떠한 존재인지에 관한 사실 인지적인 조건이 열거되어 있지 않다. 유대인은 그 존재를 원하는 사람에 의해 수행적으로 창조되리라고 말하는 것뿐이다.

『창세기』에서 아담이 "모든 들판의 짐승과 모든 창공의 새"에

했다―역주.

이름을 붙이기 전에, 짐승과 새들이 어떻게 보였을지 상상하기란 쉽지 않다. 말을 익히기 시작한 갓난아이가 네 바퀴 달린 움직이는 어떤 것을 보고 "부~ 부~"라고 하는 것과 마찬가지로, 아담의 눈에 세상의 짐승과 새들은 각기 나누기 힘든 부정형의 덩어리같이 보였을 수 있다. 그 덩어리에 나눌 수 있는 눈금을 새겨 넣음으로써 명사라는 개념이 성립한다.

이와 유사하게 '유대인'이라는 개념은 그 사람을 가리켜 "너는 유대인이다"라고 칭하는 사람과 함께 출현했다. '유대인'이라는 개념으로 인간을 나누는 습관이 존재하지 않는 세계에서 유대인은 존재하지 않는다. 유대인이 존재하는 곳은 '유대인'이라는 명사가 반복하여 어떤 것을 가리킨다고 믿는 사람들이 사는 세계뿐이다.

우리는 유대인의 정의로서 이 동어 반복 이외의 것을 가지고 있지 않다.

유대인은 국민이 아니다. 유대인은 인종이 아니다. 유대인은 유대교도를 가리키지 않는다. 유대인을 통합하는 '유대적 본질'을 구체적인 말로 확정하려는 시도가 포기된 후, 유대인의 정의는 더 이상 그것밖에 남아 있지 않다.

이는 동어 반복이다. 그러나 우리는 이 동어 반복 이외에 유대인론의 출발점으로서 채택할 수 있는 정의를 가지고 있지 않다.

이 불모의 언명으로부터 출발하여, 논리적 사고를 통해 갈 수 있는 데까지 갔던 선구자로서 우리는 장-폴 사르트르Jean-Paul Sartre(1905~1980)의 이름을 들 수 있다. 사르트르는 유대인이란 구체적으로 확정할 수 있는 존재가 아니라 반유대주의자가 환상적으로 표상한 것이라 주장하며, 유대인 문제에 종지부를 찍고자 했다(물론 종지부는 찍히지 않았다. 그랬다면 지금 나는 이런 문장을 쓰고 있지 않을 것이다).

사르트르에 따르면, 우리가 자연적인 현실이라고 생각하는 대다수의 것은 (인종도, 민족성도, 성차도) 이데올로기적으로 구성되었다. 사르트르의 사상적 맹우였던 시몬 드 보부아르Simone de Beauvoir(1908~1986)의 "여성으로 태어나는 것이 아니라 여성으로 만들어진다On ne naît pas femme, on le devient"[32]라는 말은 사회구성주의의 본질을 이야기한 고전적 명언인데, 이는 그대로 "유대인으로 태어나는 것이 아니라 유대인으로 만들어진다"라는 언명으로 바꿀 수 있다.

실제로 보부아르는 '여성성'이 존재하지 않음을 증명하기 위해 '유대인성'이 존재하지 않음을 논거로 들고 있다. 그녀는 『제2의 성』에서 이렇게 쓰고 있다.

"문제가 인종이든 카스트든 계급이든 성이든, 그것들이 열등한 조건으로서 제지당하는 한 이를 정당화하는 방식은 동일하다. '영원히 여성적인 것', 그것은 '흑인의 소울'이나 '유대인적 성격'과 동의어이다."[33]

---

[32] Simone de Beauvoir, *Le Deuxième Sexe* I, Gallimard, 1949, p. 285.

[33] 같은 책, p. 26.

타고난 성 의식은 존재하지 않는다. 마찬가지로 어떤 인종이나 민족에게 고유한 심성이라 할 만한 것은 존재하지 않는다. 보부아르는 그렇게 주장했다. 이 언명은 널리 인구에 회자되고, 그 후의 페미니즘 운동의 이론적 초석이 된다. 그러나 이 언명의 논리상의 허점을 지적해야 한다.

타고난 성 의식은 존재하지 않을지도 모른다. 어떤 인종이나 민족에게 고유한 심성도 존재하지 않을지 모른다. 그럼에도 그 각각이 '존재하지 않는' 방식은 동일하지 않다. 과거에 '여성'이라는 이유만으로 사회 성원의 일부를 학살한 집단은 존재하지 않기 때문이다(혹은 인류의 여명기에 그런 사회 집단이 존재했을지도 모르지만, 그 집단은 한 세대로 소멸하기 때문에 인류사에 어떠한 흔적도 남길 수 없다). 여성이라는 사회적 존재자가 구성되는 방식과 흑인이나 유대인이 구성되는 방식은 완전히 다르다. 완전히 다른 방식으로 구성되어 있는 사회적 존재자를 '동일한 방식'으로 구성되었다고 하는 주장의 비논리성을 어째서 보부아르가 깨닫지 못했는지 나는 그 이유를 잘 모르겠다.

사르트르는 분명히 그녀만큼 무방비 상태는 아니었지만, 『유대인 문제에 관한 성찰Réflexions sur la question juive』에서 그가 유대인을 규정한 방식은 사회구성주의의 전형이다.

"그렇다면 무엇이 유대인 공동체에 모종의 통일성을 부여했는가? 이 의문에 답하기 위해서는 '상황situation'이라는 개념으로 되돌아와야 한다. 이스라엘의 아들들을 묶고 있는 끈은 그 과거에도,

종교에도, 토지에도 없다. 만약 그들이 공통의 기반을 가지고 있다면, 그들 모두가 '유대인'이라는 이름으로 불리기에 적합하다면, 이는 그들이 유대인으로서의 상황을 공유하고 있기 때문이다."[34]

유대인이 공유하고 있는 '상황'이란 무엇인가? 이는 지금까지 보아 왔듯 과거 2천 년에 걸쳐 기독교국에서 일종의 '영적 사명'을 체현하는 자로서 차별받고, 박해받고, 거주를 제한받고, 직업을 제한받고, 누군가를 '희생양'으로 바침으로써 사회적 위기로부터 질서를 회복하고자 하는 시도가 행해질 때마다 우선적으로 공희 대상으로 선택되어 왔다는 사실을 말한다.

"그러므로 '유대인'을 창조한 사람이 기독교도라고 말해도 이는 과언이 아니다. 기독교도가 유대인들의 동화를 가로막았고, 그들에게 어떤 종류의 기능을 담당하도록 했으며, 실제로 유대인들은 그 기능을 훌륭히 달성했다는 것이 사태의 진실이기 때문이다."[35]

기독교도들이 물어야 할 것은 "유대인이란 누구인가?"가 아니다. 오히려 기독교도는 자신들을 향해 "우리들은 유대인에게 무엇을 했는가?"를 물어야 한다.[36]

사르트르는 노골적으로 이렇게 말한다.

"유대인이란 다른 사람들이 '유대인'이라고 생각하는 사람을 가리킨다. 이 단순한 진리로부터 출발해야 한다. 이런 견지에서 반

---

34) Jean-Paul Sartre, *Réflexions sur la question juive*, Gallimard, 1954, p.81.
35) 같은 책, p.83.
36) 같은 책, p.83.

유대주의자들에 반대하여, '유대인을 만들어 낸 사람은 반유대주의자이다'라고 주장하는 민주주의자의 초점은 옳다."37)

사르트르의 논리는 명쾌하다. 논리의 명쾌함은 (설사 틀린 주장인 경우에도) 바람직하다. 명쾌하기 때문에 우리들은 비교적 단순한 검증 과정을 통해 거기에는 '상당히 적절한 식견'과 '그 정도로 적절하지 않은 식견'이 함께 포함되어 있음을 알 수 있다.

사르트르는 반유대적 박해에는 박해하는 측의 주관적인 근거가 있다는 점을 우선 인정한다. 하나는 종교적 이유, 다른 하나는 경제적 이유이다.

종교적 이유란 예수의 책형에 유대인이 관계된 탓으로 인해 그들이 '신을 살해한 자'로 간주됨을 말한다. 다만 이 '종교적 이유'를 역사적인 사실로서 수용할 수는 없다. 분명히 최고 법원의 랍비들은 예수를 소환하여 참고인 조사를 하고, 예수가 "나는 신의 아들이다"라고 칭한 사실을 "신에 대한 모독"으로 간주하여 그에게 사형을 선고했다. 마태오와 마르코의 복음서에는 그렇게 적혀 있다 (다만 4개의 복음서 중 『루가의 복음서』에는 판결에 대한 기술이 없고, 『요한의 복음서』에는 유대인들이 "우리들은 누구를 사형시킬 권리조차 허락받지 못했다"고 빌라도에게 고했다는 내용밖에 기록되어 있지 않다). 보는 바와 같이 복음서의 기술들에는 다소의 차이가 있다. 하지만 이를 문제로 삼는 사람은 그다지 없다.

---

37) 같은 책, pp.83~84.

역사적 사실로서 분명한 점은 당시 팔레스타인의 통치자가 로마 제국의 총독 빌라도이며, 책형은 로마의 풍습이라는 것이다. 유대인의 관여 여부에 관해서는, 기술이 가지각색인 복음서들조차 예수를 살해한 자가 로마의 병사라는 점에서 일치를 보인다.

그러나 오늘날 이탈리아인들에게 "당신들의 선조가 예수를 책형에 처했군요"라고 말하는 사람은 그다지(거의) 없다. 그런 말에 상대가 격앙할 것이 뻔한 까닭이다. 반드시 상대를 격앙하게 만들 정도로 모두가 알고 있는 역사적 사실이라고 해도, 우리들은 이를 입에 올리지 않는다.

이탈리아인에게는 그런 배려를 표하는 반면, "유대인이 예수를 죽였다"고 역사적 사실로서 거리낌 없이 공언하는 사람은 적지 않게 존재한다. 이 사람들이 어떠한 기준으로 '배려를 표할 상대'와 '배려를 표하지 않을 상대'를 구분하는지 나는 알지 못한다.

또 다른 하나, 유대인 박해의 이유로서 누차 거론되는 '경제적 이유' 또한 설득력이 없다는 점에서는 '신을 살해한 자'의 경우와 다르지 않다.

유대인은 분명히 중세로부터 근대에 걸쳐 고리대금업이라는 '저주받은 직업'에 종사해 왔다(기독교도는 이자를 받고 돈을 빌려줘서는 안 된다는 종교적 제약이 있었기 때문이다).[38] 이것이 얼

---

[38] 실제로는 근세 자본주의의 발흥과 함께 고리대금업이 합법화되었다(1571년에 영국에서는 이자를 연리 최고 10%로 정한 법이 제정되었다). 다만 셰익스피어 시대에는 근대적 은행 제도가 아직 없었기 때문에 일종의 금융 무정부

마나 꺼림칙한 직업이었는지는 『베니스의 상인The Merchant of Venice』을 읽어 보면 어느 정도 상상할 수 있다. 유대인 샤일록이 기독교도 동업자들로부터 어떠한 대접을 받았는지, 셰익스피어 William Shakespeare(1564~1616)는 이렇게 표현해 놓았다.

"안토니오 나리, 나리는 리알토[39]에서 제게 심한 비방과 욕설을 퍼부으신 적이 있습죠. 제 대부업에 대해, 또 이자에 대해. 그런데 저는 언제나 몸을 사리며 쭉 참아 왔습니다. 좌우당간 참았던 이유는 그게 저희들 동족의 징표나 마찬가지이니까요. 나리는 제게 벌을 받아 마땅하다 하셨고, 살인을 했다고도 하셨고, 그리고 저희들의 이 윗도리에 침까지 뱉으셨습니다. (……) 그런데 어찌 된 일인지 오늘은 그런 제게 도움을 청하십니다. 거참, 제게 찾아와서는 이렇게 말씀하십니다. '샤일록, 돈이 필요하다'고 말입죠. 그러십니까? 제 수염에 가래침까지 뱉은 건 물론이고 마치 현관에서 똥개라도 걷어차듯 발길질했던 나리가 말입니다. 필요한 건 돈이다?"[40]

상태였고, 연리 100%라는 터무니없는 이자를 받는 대부업이 횡행했으며, 민중의 원망과 한탄의 표적이 되었다(어느 나라의 이야기 같다)―원주.(20세기 초부터 일본에는 '사라킹(소비자 금융)'이라는 민간 대부업이 존재해 왔는데, 근년에는 대기업들이 이들과 손을 잡거나 이들의 방식을 그대로 채용해 고리대업을 행하고 있다―역주).

39) Rialto. 거래소. 리알토 다리로 연결되어 있는 베네치아의 섬―역주.
40) W. 셰익스피어, 『베니스의 상인』, 나카노 요시오中野好夫 역, 이와나미 문고, 1939, 34~35쪽.

이런 말을 듣고도 안토니오는 태연하게 "나는 말일세, 앞으로도 자네를 개라 부르고 침도 뱉고, 아니, 발길질도 할 게야. 이 돈, 빌려 준다고 해서 친구에게 내주는 것인 양 생각하진 말게"[41]라며 매도를 멈추지 않는다.

이는 특별히 안토니오의 차별적이며 추악한 인간성을 강조하기 위한 대사가 아니다. 안토니오는 청렴결백하고 고결한 인사이며, 죄는 오히려 태어날 때부터 발길질당해 온 샤일록에게 있다. 역자인 나카노 요시오中野好夫(1903~1985)[42]는 샤일록이라는 인물상에 대해 이렇게 쓰고 있다.

"셰익스피어가 처음에 구상한 샤일록이 어떠한 의미에서도 결코 관객에게 동감을 요구하는 비극적 인물이 아니라는 점은 확실하다. 유대교 신자이자 동시에 대다수가 고리대금업자였던 유대인을 향한 당시 일반 민중의 증오는 오늘날 우리가 상상하는 이상으로 맹렬한 것이었다. 결국 셰익스피어는 그러한 민중 심리에 영합하여 유대인의 전형적 인물인 샤일록의 잔인함을 극도로 과장하는 한편 기독교도가 자부하는 자비를 이에 대립시킴으로써, 마지막에 여차여차한 모습으로 퇴장하는 그의 뒷모습을 향한 비속한 관객의 우월한 만족감을 노렸다. 이는 근래 유행하는 일부 영합적 군사극 작가의 심리와 결코 멀지 않다."[43]

---

41) 같은 책, 36쪽.
42) 영문학자이자 평론가로서 일본 영미문학 번역의 태두로 여겨진다―역주.
43) 나카노 요시오, '해설', 앞의 책, 202~203쪽. 나카노의 해설은 1939년에 쓰

유대인은 위에 언급한 대로 종교적 이유로 인해 기독교 세계에서는 '천민'으로 취급받아 토지 소유나 농업 종사가 금지되었다. 그들에게는 고리대금업이나 행상이나 예능 등 기독교도 입장에서 볼 때는 비생산적인 직업밖에 허용되지 않았다. 비생산적인 직업에만 종사하도록 정해 놓고 유대인이 비생산적인 직업에만 종사한다고 비난하는 것은 참으로 불합리한 이야기이다.

이상의 두 가지 점을 볼 때 사르트르가 말하듯이 "유대인을 창조한 사람은 기독교도라고 말해도 결코 과언이 아니다." 그러나 그렇다고 해서 사르트르와 함께 '유대적 본성'이라고 간주되는 모든 것이 역사적 상황에 의해 창조되었다고 단언하는 것도 나는 주저한다.

사르트르의 말대로 유대인 개념 중 일부는 반유대주의자들이 창조한 환상적 표상이다. 그러나 유대인 개념이 환상이라는 지적은 현실에 유대인이 존재한다는 사실에 조금도 영향을 끼치지 않는다. 실제로 우리들은 국가가 환상이라는 점도, 화폐가 환상이라는 점도, 성차가 환상이라는 점도 알고 있다. 그럼에도 변함없이 국가는 존재하고, 화폐는 유통되고, 성차는 욕망을 끊임없이 환기시킨다. 이러한 논의 사항을 두고 "○○이 환상이다"라고 말하는 것만으로는 이야기를 끝낼 수 없다. 그렇다면 환상이라는 점을 이해하면서 또한 그것이 기능을 멈추지 않는 이유는 무엇인지를 이

인 것이다.

해하기 위하여 한 단계 높은 차원의 물음으로 이동할 수밖에 없다.

유대인은 존재하지 않는다. 그런 건 환상이다. 그렇다고 치자.

그러나 인터넷에서 검색을 해 보면 '세계 각국의 국가별 유대인 인구' 통계를 볼 수 있다. 유대인의 정의가 동어 반복임에도 불구하고 유대인은 역사적·장소적 실체로서 분명히 현재 우리들의 세계에 존재하고 있다.

2002년 통계에 따르면, 세계의 유대인 총 인구는 약 1천 335만 명이다. 그중 약 6백만 명이 북미에 거주하고, 5백만 명이 이스라엘, 1백만 명이 유럽연합, 40만 명이 구소련에 집주하는 외에도 남미, 아프리카, 아시아에 산재해 있다.

일본에는 유대인이 얼마나 있을까? 내가 시부야의 JCC(Jewish Community Center)에 다녔던 것은 거의 10년 이상 된 옛일이지만, 당시 랍비였던 마이클 섀드릭Michael Shadrick의 말에 따르면 도쿄의 유대인은 3백 가족 1천 명으로서, (랍비 자신을 포함해) 대부분 미국 시민이었다. 다만 이는 정기적으로 시나고그Synagogue[44]에 참석하는 유대인 숫자이지, 재일 유대인 사회와 관계를 맺지 않는 재일 미군 병사나 단기 체재 사업가나 여행객은 포함되지 않는다. 아마도 '재일 유대인'은 어림잡아 수천 명이 된다는 얘기다.

하지만 이런 식으로 이야기를 진행하는 것에 이의를 제기하는 사람이 있을지도 모르겠다. "유대인은 누구인가?"라는 질문에 일

---

[44] 유대교 회당. '만남의 장소'라는 의미—역주.

의적인 해답을 내리지 않은 채 어떻게 '재일 유대인의 인구'에 대해 말할 수 있는가? 이야기의 논의 방식 자체가 난센스 아닌가?

사실인즉 그러하다. 정의가 확보되지 않은 개념을 사용한 논의는 학술적으로 있어서는 안 된다. 그러나 그런 이의를 따르면 이야기를 진행할 수가 없다. 어째서 이야기를 진행해야 하는지, 어떻게 하면 이야기를 진행할 수 있는지, 이에 관해 내 생각을 조금 서술해 보겠다.

"유대인이란 '유대인'이라는 호칭으로 불리는 사람을 가리킨다"는 명제는 사르트르가 말한 만큼 "단순한 진리"가 아니다. 성차의 문제로 바꿔 생각해 보면 이해하는 데 도움이 될지 모르겠다.

젠더 이론에서는 생물학적 성차(섹스sex)와 문화적·역사적 성차(젠더gender)를 구분하여 사용한다. 다만 최근의 젠더론에 따르면 생물학적 성차는 자연적 현상도 과학적 사실도 아니다. 자연계에 존재하는 것은 성호르몬의 분비량 차이라는 아날로그적 연속일 뿐이며, 디지털적인 섹스 보더border는 존재하지 않는다. 마치 자연적 성차를 가진 무엇이 존재하는 것처럼 우리들이 믿게 되는 이유는 남성에게 사회적 리소스(권력, 재화, 정보, 교양 등)를 독점시키고자 하는 부권제 이데올로기의 기능 때문이다. 크리스틴 델피Christine Delphy(1941~)[45]는 마르크스주의적 페미니즘의 입장에서 그렇게 단언했다.

---

45) 프랑스의 사회학자이자 사회주의적 페미니스트-역주.

"간략히 요약하자면, 젠더―여성과 남성의 상대적인 사회적 위치―가 섹스라는 (명백하게) 자연적인 범주에 기초하여 구성된 것이 아니라, 오히려 젠더가 존재함으로써 섹스가 이와 관련된 자연적 현상이 되고, 그에 따라 지각 대상의 카테고리가 되었다고 생각한다. (……) 젠더가 해부학적인 섹스를 만들어 낸 것이다. 사회 관행이, 오로지 사회 관행이 하나의 자연적 현상(모든 자연적 현상과 마찬가지로 그 자체에는 의미가 없다)을 사고의 카테고리로 변화시킨 것이다."46)

델피의 문장 중에 '젠더'를 '반유대주의'로, '섹스'를 유대인으로 바꿔 보면 사회 제도와 자연적 현상(이라고 믿는 것)의 도착에 관한 이 구성주의적 주장을 그대로 사르트르의 유대인론으로 읽을 수 있다는 점을 깨닫게 된다.

'여성'이란 '여성'으로 불리는 인간을 가리키며, 그 이상의 어떤 것도 아니다. 그리고 '여성'이라는 카테고리를 구성한 것은 그것을 통해 사회적 리소스를 독점하고자 하는 '남성'들이라는 명제는 꽤 오래전부터 '정치적으로 올바른 명제' 리스트 안에 등록된 상투구이다. 지금은 대학의 젠더론 수업에서 교과서적으로 가르치고 있는 내용이다.

하지만 나는 이러한 구성주의적 언명을 볼 때마다 자그마한 의

---

46) 크리스틴 델피, 『무엇이 여성의 주요한 적인가―래디컬·유물론적 분석』(なにが女性の主要な敵なのか―ラディカル·唯物論的分析), 이노우에 타카코井上たか子 외 역, 케이소勁草서방, 1996, 183쪽(강조는 델피).

문 부호가 끊임없이 머릿속에 떠오른다. 이해할 수 없는 게 하나 있다. 부권제적인 사회 관행이 '남성/여성'이라는 젠더를 만들어 냈다는 주장이 사실이라고 해도, "성별화된 사회의 기원에 있어서 부권제적 사회 관행을 만들어 낸 쪽은 성적으로 어느 쪽인가?"라는 물음에 실은 아무런 답도 주지 않기 때문이다. 남성에게 사회적 리소스를 집중시키기 위한 억압적 구성물인 부권제 사회가 성립하기 위해서는 그에 앞서서 성차가 이미 유의미한 것으로 의식되어야 한다. 남녀의 성차가 이미 존재하고 있는 사회에서만 한쪽의 성 집단이 선택적으로 이익을 취하는 사회 시스템을 구상할 수 있다. 그러나 델피의 주장에 따르면 성차는 부권제 사회가 낳은 환상에 다름 아니다.

이 지점에서 나는 당혹감을 느낀다. 성차는 사회 성별화의 원인인가, 아니면 결과인가? 유감스럽게도 이 질문에 대해 내가 이해할 만한 방식으로 대답해 주는 사람은 아직 한 사람도 없다.

물론 나는 그런 보잘것없는 이유로 델피가 비판받았다고 생각하지는 않는다. 우리의 생각이란 결국 모두 엇비슷하기 때문이다.

우리는 자신이 태어나 살고 있는 사회 제도의 기원을 알지 못한다. 화폐, 언어, 친족, 노동 등, '그러한 것들'이 어째서 그러한 방식으로 존재하는지 그 기원을 모른다는 말이다. 예를 들어 화폐는 우리들의 경제 활동의 근간이 되는 장치이나, 화폐의 요건은 '이미 화폐로서 유통되고 있다'는 사실밖에는 없다. 분할 가능하고 균질적이며 영구성이 있다면 귀금속이나 종잇장, 전자펄스 등 그 어떤 것이라도 화폐가 될 수 있다. "화폐가 화폐인 이유는 그것이 화폐이기 때문이다."[47]

마찬가지로 우리는 이미 성별화된 존재로서만 성에 관해 생각할 수 있다. 성적 차이가 환상이라는 점을 나는 기꺼이 인정한다. 그럼에도 우리들은 그 환상 속에서 태어나 살고 있으며, 설령 목숨을 건 곡예를 감행한다고 해도 '성별화되지 않은 인간'은 상상할 수 없다는 점을 다시 한 번 말할 수밖에 없다.

우리들은 유대인 이야기를 하고 있다.

유대인이란 다른 사람들이 '유대인이다'라고 생각하는 사람을 가리킨다. 이는 올바르다. 다만 이는 사르트르가 말하듯 "거기서 출발해야 하는 단순한 진리"가 아니라, 오히려 어디까지 거슬러 올라간다 해도 그곳에서 출발할 수 없는 동어 반복의 출발점이자 종착점이다.

우리들은 유대인과 비유대인이라는 대립 개념으로 사회를 구분하는 습관을 가진 문명 속에서 살아간다. 즉 유대인이란 이미 그것 없이는 세계를 나눌 수 없는 부류의 카테고리이다. 유럽 세계는 역사의 어느 단계에서 '유대인'이라는 개념을 얻었고, 그 기호에 의해 비로소 구분할 수 있게 된 대상의 전대미문의 의미와 만났다. 이후 유럽인들은 다양한 종류의 카테고리를 섭렵했으나, 끝

---

47) 이와이 카츠히토岩井克人, 『화폐론貨幣論』, 치쿠마ちくま 학술문고, 1998, 70쪽.

내 '유대인'을 대신할 기호를 찾아내지 못했다. 나는 그렇게 생각한다.

사용할 수 있는 말이 그것밖에 없으므로 (제대로 정의할 수 없는 말로 어떤 대상을 이해하면서) 별수 없이 사용할 수밖에 없는 말이 존재한다. '남과 여'가 그러하며, '낮과 밤'도 그러하다. 우리는 그 말들을 매일 사용하지만, 새삼스레 '낮' 자체, '밤' 자체를 엄밀하게 정의하려고 해도 그런 것은 아무도 할 수 없다. 우리는 '낮'을 '밤이 아닌 것'으로서, '밤'을 '낮이 아닌 것'으로서 차이화하는 인습 속에 빠져나오기 힘들 정도로 박혀 있기 때문이다. '낮/밤'이라는 이항 대립으로 세계를 구분하는 언어 집단에 한번 속하게 된 사람들은 그 이후에는 더 이상 '밤 없는 낮'이라든지 '낮 없는 밤'을 개념으로서 끄집어낼 수 없다. '남성/여성'의 경우에도 동일하다. 우리들은 '남성/여성'이라는 말을 일상적으로 사용하고 있다. 그러나 남성은 여성과의 차이에 의해, 여성은 남성과의 차이에 의해서만 개념화되며, '남자 없는 여자'나 '여자 없는 남자'를 실체로서 말하기란 누구도 불가능하다.

자크 라캉Jacques Lacan(1901~1981)은 이 점에 관해 탁견을 제시하고 있다.

"남자와 여자라는 시니피앙signifiant은 수동적 태도와 능동적 태도라든지, 공격적 태도와 협조적 태도 등과는 다릅니다. 즉 그러한 행동과는 다른 차원의 것입니다. 그러한 행동의 배후에는 틀림없이 어떤 시니피앙이 감추어져 있습니다. 그 시니피앙은 어디에도 결코 완전하게 구체화되어 있지 않지만, '남', '여'라는 말의 존재의 밑바닥에서 가장 완전에 가까운 형태로 구현된 것입니다."[48]

라캉은 여기서 '현상은 명명됨에 의해 발생한다'는 구성주의적 명제를 봉독하는 게 아니다. 모든 언어는 '감추어진 시니피앙'의 환언이라고 말하고 있다. 실수 없이 읽어야 하는 부분은 '감추어진' 것은 '시니피에signifié=의미되는 것'이 아니라, '시니피앙=의미하는 것'이라는 점이다. 어딘가에서 발견한다면 모든 시니피앙의 의미를 알게 되는 '궁극의 시니피에'가 있는 것이 아니다. 우리들이 기호의 기원을 소급하여 최후에 당도하는 곳은 '더 이상 그곳에는 없는 대상의 대리 표상'이라는 지점이다.

기호는 무언가를 지시한다. 기호는 무언가의 대리 표상이다. 대리 표상이라는 말은 지시하는 대상 자체가 아니라는 말이다. 그러나 기호는 거기에는 존재하지 않는 무언가의 대리 표상이라는 사실로 인해 '거기에 존재하지 않는 무엇인가가 있다'는 사태를 지시할 수 있다. 이는 '대리인'이 출두했을 때 분명히 '대리인'은 '본인'이 아니므로 그곳에는 없는 '본인'이 어디엔가 있다는 신뢰의 기초가 마련되는 것과 동일하다.

델피와 라캉의 차이는 (어쩔 수 없는 비교이기는 하지만) 델피는 "시니피앙은 단지 이데올로기적 가상이다"라고 선언하면 자신

---

48) 자크 라캉, 『정신병(하)』, '원초적 시니피앙과 그 안의 어떤 것의 결손', 코이데 히로유키小出浩之 외 역, 이와나미 서점, 1987, 89쪽.

의 임무가 끝난다고 생각하지만, 라캉은 그런 가상에 깊이 결박된 방식 속에서 오히려 인간성의 기초가 되는 무언가를 발견하고자 한다는 점에 있다.

라캉은 계속해서 이렇게 말한다.

"낮과 밤, 남과 여, 평화와 전쟁, 이러한 대립은 그 밖에도 얼마든지 열거할 수 있습니다. 이런 대립은 현실적인 세계로부터 도출할 수 있는 것이 아닙니다. 이 대립은 현실 세계에 골격과 축과 구조를 부여하고, 현실 세계를 조직화하고, 인간에게 현실이 존재하게 하고, 그 속에서 인간이 스스로를 다시 발견하게 만드는, 그러한 대립입니다."[49]

'낮과 밤, 남과 여, 평화와 전쟁'이라는 대립어로부터 시작하는 긴 리스트의 연속 중 어딘가에 나는 '유대인과 비유대인'이라는 대립어를 추가로 적어 넣고 싶고 생각한다. 라캉이 말하듯 '유대인과 비유대인'이라는 대립은 현실적인 세계로부터 도출할 수 있는 대립이 아니다. 반대로 이 대립은 "현실 세계에 골격과 축과 구조를 부여하고, 현실 세계를 조직화하고, 인간에게 현실이 존재하게 만드는" 대립이다.

이 이항 대립의 도식을 구상함으로써 유럽은 그때까지 말할 수 없었던 무언가를 말할 수 있게 되었다. 그러나 그 '무언가'는 현실계에 실체적으로 존재하지 않는다. 이는 어떤 '감추어진 시니피앙'

---

[49] 같은 책, 70쪽.

을 환언하는 다른 시니피앙에 다름 아니다. 그럼에도 '유대인'이라는 시니피앙을 발견함으로써 유럽은 유럽으로서 조직화된 것이다. 유럽이 유대인을 만들어 낸 것이 아니라, 오히려 유대인이라는 시니피앙을 얻음으로써 유럽은 지금과 같은 세계가 된 것이다.

나는 그렇게 생각한다. 무모한 착상이라는 점은 잘 알고 있으나, 다소 무모해지지 않으면 굳이 '사가판'이라 칭하며 유대 문화를 논하는 의의가 없다.

우리는 유대인이라는 말이 이미 특정한 함의를 지니며 유통되는 세계에 뒤늦게 도착했다. 그런 이상, 우리들은 더는 '유대인이라는 개념이 아직 존재하지 않는 세계'에 있는 자신과 그런 자신이 보고 있는 풍경을 상상할 수 없다. 그 사실을 되돌릴 수 없다는 사실을 조금은 진지하게 받아들여야 한다.

따라서 나의 다음 질문은 이런 식으로 정식화된다.

'유대인이라는 개념이 아직 존재하지 않았던 세계'로부터 '유대인이 있는 세계'로의 '목숨을 건 도약'이 감행되었을 때 세계는 무엇을 손에 쥐게 되었는가?

2장 일본인과 유대인

1. 일유동조론

나는 앞 장의 마지막을 다음과 같은 질문을 던지며 끝맺었다.

'유대인이라는 개념이 아직 존재하지 않았던 세계'로부터 '유대인이 있는 세계'로의 '목숨을 건 도약'이 감행되었을 때 세계는 무엇을 손에 쥐게 되었는가?

물론 나는 이러한 질문에 논리정연하게 대답할 준비가 되어 있지 않다. 그런 물음을 던지고 보니, '유대인 문제'에 관해 지금까지 진행한 논의와는 다른 접근 방식을 찾아낼 수 있지 않을까 하는 느낌이 들었다. 지금부터 잠시 내 자신의 직감을 인도자로 삼아 앞길이 보이지 않는 이 물음의 주변을 경유해 보고자 한다.

이러한 경우엔 우선 친근한 사례로부터 출발하는 편이 경험적으로 봤을 때 확실한 방법이다. 따라서 나는 이렇게 묻고 싶다.

일본인과 유대인 사이에는 어떤 관계가 존재하는가?

이 물음은 이렇게 바꿔 말할 수 있다.

일본인은 '유대인'이라는 개념을 얻음으로써 무엇을 손에 쥐게 되었는가?

이러한 물음이라면 나도 어떻게든 대답할 수 있다.

우선 처음의 질문에는 단호하게 이렇게 대답할 수 있다.

일본인과 유대인 사이에는 아무런 관계도 없다.

만약 일본인과 유대인 사이에 아무런 관계도 없으나 일본인이 '유대인'이라는 개념을 얻음으로써 손에 쥐게 된 것이 있다고 한다면, 이는 분명히 (라캉의 말을 빌리면) "현실적인 세계로부터 도출된 것"이 아니라, "현실 세계에 뼈대와 축과 구조를 부여하여 현실 세계를 조직화"하기 위한 무엇일 것이다.

일본인과 유대인 사이에 어떠한 관계도 없다는 사실을 먼저 확인해 두자.

『유대 백과사전Encyclopedia Judaica』(Macmillan)은 전체 16권 2만 3천 쪽에 달하는, '유대'에 관한 모든 현상을 망라한 정평 있는 사전인데, 그중 'Japan'에 할당된 페이지 수는 얼마나 될까? 1분 정도 시간을 드릴 테니 다음 줄을 손으로 가리고 상상해 보시길.

(1분 경과)

그럼 여러분, 답하실 수 있을지?

정답은 2쪽이다. 총 정보량의 0.009퍼센트. 이는 영어권에 거주하는 표준적 유대인의 뇌를 점유하는 '일본 및 일본인'에 관한 관심의 비율을 근사적으로 표시하는 수치이다.

"아니, 그렇지 않다. 유대인 중에는 일본을 정치적인 파트너로 혹은 시장으로 여겨 깊은 관심을 기울이는 사람들도 많다. 2만 3천 분의 2와 같은 비대칭성은 현실적이지 않다"고 반론하는 사람이 있을지도 모른다.

분명 그럴지도 모른다. 그 유대인이 미국 국적을 가진 사람이라면 『아메리카 백과사전』의 'Japan' 항목에 할당된 페이지 수를, 프랑스 국적을 가진 사람이라면 『라루스Larousse』[1]의 'Japon' 항목에 할당된 페이지 수를 그들이 각각 '미국 시민으로서' 혹은 '프랑스 시민으로서' 가지는 일본에 대한 관심을 가리키는 근사적인 지표로서 간주해도 좋을 것이다. 하지만 이는 '유대인으로서의 관심'은 아니다.

『유대 백과사전』의 '일본' 항목에는 일본과 유대인의 관계가 간결하게 정리되어 있다. 그 기술에 따라 "일본의 유대인 역사"를 좇아가 보겠다(이 기술은 또한 '유대인의 일본사'도 된다).

일본에 최초로 온 것으로 확인되는 유대인은 미국 사업가인 알렉산더 막스Alexander Marks라는 인물이다. 최초로 방일한 유대인

---

1) 프랑스의 교육학자 피에르 라루스Pierre Larousse(1817~1875)가 집필한 백과사전—역주.

의 이름까지 거론한다는 사실로부터도 『유대 백과사전』의 기술이 보여 주는 깊이와 너비를 짐작할 수 있다. 또한 알렉산더 막스의 도래 이전의 일본 역사에 관해서는, "유대인에게 일본은 19세기 중반까지 그 존재가 사실상 알려지지 않은 땅이었다"로 시작하는 11행을 할애하는 데 그치고 있다. '아름다울 정도의 무관심'이라는 표현은 이런 경우에 사용해야 할 수식어일 것이다.

막스는 1861년에 요코하마로 건너와서 그곳에 주거를 마련했다. 그에 뒤이어 라파엘 쇼이어Raphael Schoyer[2]라는 미국의 사업가가 도일했다. 쇼이어는 최초의 영자지 중 하나인 「저팬 익스프레스Japan Express」를 간행한 인물로 알려져 있다. 이어 약 50명의 유대인이 도래했다. 그들은 처음에는 요코하마에 살았는데 나중엔 나가사키, 그 이후엔 고베까지 거주지를 넓혔다. 유대교에 따른 장의와 시나고그 운영은 메이지 유신(1868) 전에 이미 이 세 도시에서 시작되었다.

이 유대인들은 사업 기회를 찾아 막부 말기의 일본에 도래한 '이방인' 그룹 중 하나에 지나지 않았으며, 당시 일본인들이 그들을 '유대인'으로 인식했다고는 생각할 수 없다. 그들이 집행하는 이교 의례가 침례교인지, 장로교인지, 영국 국교회인지, 조로아스터교인지, 유대교에 의한 것인지 판단할 수 있었을 리도 없다. 즉 사르

---

[2] 일본에 영주한 사진사, 잡화상, 신문 발행자. 요코하마 외국인 거류지 시장을 역임했다―역주.

트르의 정식에 따른다면 이때까지 일본에 유대인은 존재하지 않았다는 의미이다.

유대인을 존재하게 만든 상황은 한 인물의 공적으로 돌릴 수 있다. 그가 언제 '유대인'을 일본에 출현하게 했는지, 우리는 그 날짜까지 알 수 있다.

그럼 소개하겠다. 일본에 유대인을 존재하게 만든 사람은 스코틀랜드인 선교사 노먼 매클러드Norman McLeod(?~1889)[3]라는 인물이다. 그는 일본에서 행한 현지 조사의 결과(무엇을 조사했을까?) 일본인은 유대인의 '잃어버린 10부족'[4]의 후예라는 기상천외한 설을 1875년에 발표했다. 이것이 그 후 현재까지 전해지는 '일유동조론日猶同祖論'의 기원이 되었다.

이 기괴한 이설에 관해서는 이제부터 잠시 미야자와 마사노리宮沢正典와 데이비드 굿맨David Goodman의 『유대인 음모론—일본 속의 반유대와 친유대ユダヤ人陰謀説—日本の中の反ユダヤと親ユ

---

[3] 1867년 또는 1868년에 일본으로 건너와 나가사키, 고베, 요코하마에서 처음엔 회계사로, 이후엔 골동품업자로 활동했으며 1889년 홍콩으로 이주했다—역주.

[4] 솔로몬 왕(기원전 965~930) 사후, 통일 이스라엘은 사마리아에 수도를 둔 10부족의 북왕국 이스라엘과 예루살렘에 수도를 둔 2부족의 남왕국 유대로 나뉘었다. 북왕국이 기원전 722년 아시리아에게 멸망당하면서 10부족은 아시리아로 끌려가 나머지 2부족에 의해 '잃어버린 10부족'으로 불리게 되었는데, 기록이 남지 않아 이들의 행방에 대해 여러 가지 설이 난무하게 되었다. 10부족의 일부가 아프가니스탄, 인도, 미얀마, 중국, 일본, 한국, 영국, 미국, 스키타이, 아프리카 등으로 이동했다는 설이 대표적이다—역주.

ダヤ』의 기술을 따라 해설해 가겠다. 본래 일본의 반유대주의에 관한 내 지식의 절반 이상은 이 두 사람의 오랜 연구에 의거하고 있으므로, 이하의 기술 중에 나만의 독창적인 견해랄 것은 거의 포함되어 있지 않다.

매클러드가 말했다는 기묘한 '신화'란 다음과 같은 내용이다.

"일본인과 유대인의 조상이 같다는 주장을 최초로 꺼낸 사람은 일본인도 유대인도 아닌, 스코틀랜드인 노먼 매클러드다. 그가 1875년에 내놓은 『일본 고대사의 축도Epitome of the ancient history of Japan: Japan and the Lost Tribes of Israel』에 그 내용이 적혀 있다. (……) 매클러드와 그의 신학에 대해 당시 재일외국인 사회는 냉담했다. 1874년 2월 10일 「저팬 메일Japan Mail」지는 '수요일 밤, 매클러드 씨는 「천황 및 조정과 이스라엘의 잃어버린 10부족의 관계」라는 제목으로 강연을 했다. 청중은 거의 없었으며, 그나마 주의를 끌었던 시간도 겨우 몇 분에 불과했다'고 보도하고 있다."[5]

그러나 소수의 청중으로부터 '겨우 몇 분간'의 주목밖에 끌어내지 못했던 이 기담은 그대로 사라지지 않았다. '일본인의 선조는 유대인이다'라는 '일유동조론'은 이윽고 나카다 쥬지中田重治(1870~1939), 사에키 요시로佐伯好郎(1871~1965), 오야베 젠이치로小谷部全一郎(1867~1941) 등 메이지 기의 종교 사상가들에 의해 특이한

---

5) 데이비드 굿맨, 미야자와 마사노리,『유대인 음모론ユダヤ人陰謀説』, 후지모토 카즈코藤本和子 역, 고단샤, 1999, 104~105쪽.

순화를 달성해 가기 때문이다.

'일유동조론'과 같은 특이한 망상이 한 사람의 인간에 의해 창설될 리는 없다. 당연하지만 매클러드는 선행하는 전설을 표절했던 것이다.

매클러드가 참조한 것은 영국에 전해진 '영국인-유대인 동조론'이다. 영국인이 '이스라엘의 잃어버린 10부족의 후예'라는 설은 17세기 이후 영국에 널리 유포되어 있었다. 다른 계통으로는 '미국 인디언'이 유대인의 후예라는 설, 나아가 미국 흑인이 유대인의 후예라는 설도 존재한다.[6]

지리적으로도 역사적으로도 유대인과 어떠한 관계도 없어 보이는 사람들이 '우리들은 유대인의 후예이다'라는 이야기를 꺼내는 현상은 비록 소규모이지만 세계에서도 그 유형을 찾아낼 수는 있다. 그 말은 이 '이야기의 형태'에 사람들의 마음을 끄는 어떤 매력이 있다는 뜻이다.

일본인 일유동조론자들은 모두 당시로서는 고도의 학문을 닦고, 저마다 종교적인 훈련을 받은 사람들이었다. 그들이 매클러드와 같은 괴이한 인물의 설을 가볍게 믿었다고는 생각하기 힘들다. 아마도 그들은 매클러드와는 상관없이 각각의 개인적인 사고 여정에 따라 일유동조론이라는 '매력'적인 이설을 발견했을 것이다.

유대인과 일본인을 같은 조상으로 삼음으로써 그들이 '어떠한

---

[6] 같은 책, 105~108쪽.

이득을 얻을' 수 있었는지, 일유동조론자들의 학설을 보충하여 설명하면서 생각해 보겠다.

우선 나카다 쥬지로부터 시작하겠다. 나카다 쥬지가 설파한 내용은, 성서에는 일본인과 유대인의 관계가 암호로 적혀 있다는 '성서 암호론'이다. 나카다에 따르면 성서에 나오는 "해가 뜨는 나라", "동쪽" 등의 말은 모두 일본을 암시하는 은유이다. 따라서 유사 이래 일본이 경험한 모든 행운(원과 고려의 침입 시에 일어난 '카미카제'로부터 러일전쟁의 승리까지)은 여호와의 신탁이라는 말이 된다. 어째서 여호와가 일본을 그렇게 극진히 지켜 주었을까?

그것은 일본에는 구제사적·성사聖史적 소명이 있기 때문이다.

"특별히 신에게 선택된 자"인 일본인이 "신의 가호를 받으며" 성취해야 할 "대사명"이란 무엇인가? 이는 "세계 평화를 어지럽히는 자를 진압하여", "선택받은 민족인 이스라엘을 구한다"는 것이다.

"세계 곳곳에 산재하는 이스라엘인에게 그들이 신의 선민이라는 자각을 일깨워 주며, 이를 위해서는 해가 돋는 곳에서 승천하는 천사(일본—역주)를 필요로 한다."(나카다 쥬지, 『성서로 본 일본聖書より見たる日本』)[7]

"선택된 민족"인 일본인은 마찬가지로 "선택된 민족"인 유대인을 구한다.

그런데 어째서 일본인이어야 할까?

---

7) 같은 책, 124쪽.

그 이유는 어떤 의미에서는 합리적이다. 왜냐하면 일본인은 "유대인을 한 번도 박해한 적이 없기" 때문이다. 애당초 일본에는 19세기 말까지 유대인이 존재하지 않았으므로 박해한 적이 없다는 것은 당연하지만 말이다.

사에키 요시로의 설도 기상천외함은 나카다에 뒤지지 않는다. "도래민인 하타秦 씨는 유대인을 가리킨다"라는 설이다.

사에키의 본래 연구 대상인 경교景敎는 5세기에 이단으로 취급된 네스토리우스파 기독교Nestorianism를 말한다(이것이 페르시아를 경유하여 7세기에 당나라에 전해져 '대진경교大秦景敎'라고 불렸다).[8] 사에키는 연구 과정에서 5세기에 하타 씨가 중국으로부터 일본에 도래하여 교토 교외의 우즈마사太秦에 정주한 사실에 주목한다. 다이신大秦과 우즈마사太秦라는 우연의 일치에 집착한 사에키는 우즈마사 신사나 지명을 섭렵한 결론으로 '우즈마사太秦'의 '우즈太'가 페르시아어인 '이슈', 즉 '예수', 마사秦가 '메시아'라는 설을 세운다.

오야베의 설도 사에키에 지지 않을 정도로 제멋대로다. 예일 대학에서 신학박사 학위를 받은 이 학식 풍부한 기독교도가 나이 쉰을 넘기고 그 가치를 세상에 물었던 책이 『칭기즈 칸은 미나모토 요시츠네[9]다成吉思汗ハ源義経也』(1924)라는 기서였다(이 책은 전

---

8) '대진'은 로마를 의미한다—역주.

9) 미나모토 요시츠네源義経는 일본 최초의 무사 정권인 가마쿠라 막부鎌倉幕府를 세운 미나모토 요리토모源頼朝의 동생이다. 적대 세력이었던 타이라를

전의 대단한 베스트셀러였다고 한다). 그러나 이 기담을 관통하는 정치 이데올로기는 명백한 황국사관이다. 오야베는 이렇게 쓰고 있다.

"당당한 신국神州의 백성은 마땅히 흉금을 열고, 우리들과 마찬가지로 죄 없이 박해받는 유대 민족에 동정심을 갖고, 그들을 광명으로 이끌어 (……) 일본의 사명인 신국 확립, 사해동포, 건곤일가라는 천업에 함께 힘 쏟아야 할 것이며, 황조의 소위 팔굉八紘을 망라하여 집宇으로 삼는다10)는 성지에 따라 (……)"(『일본 및 일본국민의 기원』).11)

그들이 세운 가설의 출발점은 참으로 기괴하다. 그러나 가설로부터 도출된 결론은 그 정도로 터무니없지는 않다. 결론은 모두 "일본은 선택받은 나라이며, 일본인은 선택받은 민족이다"라는 황국 이데올로기로 수렴된다.

필시 '일유동조론'은 우선 "일본인은 세계사적 사명을 띤 민족"

결정적으로 무찌른 단노우라壇ノ浦 전투로 명성을 얻게 되자, 형인 요리토모가 견제를 시작하여 요시츠네는 달아나고 전국에 체포령이 내려졌으며 결국 자살했다. 일본 내에서는 비극적 인물로 대중에게 사랑받는다―역주.

10) "팔굉을 망라하여 집으로 삼는다"는 말은 곧 '팔굉일우八紘一宇'를 가리키는 것으로서, 세상八紘을 하나의 집宇으로 취한다는 뜻이다. 이는 본래 『일본서기』의 진무천황에 관한 항목에 등장하며, 제2차 세계대전 당시 대동아공영권 건설의 이데올로기를 위해 재해석되어 사용되었다. 즉 천황이 통치하는 일본이 세계의 집주인이 된다는 뜻이다―역주.

11) 앞의 책, 134쪽.

이라는 황국주의적 이데올로기의 결론을 내 놓고, 그 결론을 도출하기 위해 "일본인과 유대인은 같은 조상을 가진 친족이다"라는 기상천외한 전제를 채택하는 순서로 논의를 진행한다. 그 이유는 비교적 쉽게 추측할 수 있다.

이 세 명의 '일유동조론자'가 가진 공통점은 모두 메이지 초기에 자라고, 미국에서 교육을 받았으며, 기독교에 관해 깊은 지식을 지녔다는 점이다.

나카다 쥬지는 시카고의 무디 성서학원Moody Bible Institute에서 공부하고, 귀국 후인 1917년 동양선교회 홀리니스Holiness 교회를 설립했다. 사에키 요시로는 토론토 대학에 유학했고, 이후 경교 연구로 도쿄 제국대학에서 박사학위를 받았다. 오야베 젠이치로는 예일 대학에서 신학박사를 받고 귀국 후 기독교 전도 활동에 종사했다. 메이지 시대에 이 정도로 지적 선진성의 조건을 구비했던 청년들은 드물다.

그러나 당시 일본 청년들로서는 예외적인 미국 유학이라는 특권적인 경험을 통해 근대 국가를 실제로 목격했음에도(혹은 상대방과 자신의 결정적인 실력 차이를 뼈저리게 느꼈던 탓으로), 그들은 '신의 나라는 절대 패하지 않는다(신주불패神州不敗)'나 '세계에서 으뜸인 신국'이라는, 자신의 수준을 모르는 망상에 사로잡히게 되었다. 당시 그들은 '신국 일본'의 세계사적 탁월성을 '유대인과의 동일화'라는 망상적인 추론을 통해 논증하고자 했다. 어째서 세 사람이 모두 이에 매료되어 그 같은 논리적 곡예를 선택하게 되었을까? 거기에는 어떤 논리가 작동하고 있음이 분명하다. 나는 그 '논리'에 강한 흥미를 느낀다.

동조론자의 '속마음'을 사카이 카츠이사酒井勝軍(1870~1934)[12]는 다음과 같이 분명히 토로하고 있다.

"그와 동시에 우리 일본 또한 극동의 외딴 섬, 아니 이교국이라는 불명예스러운 지위에서 일약 세계의 신국 제국이라는 지위에 올라, 기독교를 떠받드는 구미 제국을 내려다보는 지위를 얻게 된다. 왜냐하면 그들은 일본이 신이 애지중지하는 나라임을 깨닫게 되기 때문이다."(사카이 카츠이사, 『세계의 정체와 유대인世界の正体と猶太人』)[13]

사카이는 국제 관계에서 일본이 처한 위치가 "극동의 고립된 섬이자 여러 신을 섬기는 이교국이라는 지위"라는 사실을 분명히 인정하고 있다. 이를 인정한 후에 그 이교국이 "기독교를 떠받드는 구미 제국을 내려다본다"는 기사회생의 논설을 찾아낸 것이다.

일유동조론의 논리란 한마디로 말하면 서구에서 '죄 없이 배척받는' 유대인과 자신을 동일화함으로써 구미 제국의 범죄성을 고발하는 위치로 슬며시 옮겨 가는 것이다.

피해자와의 동일화를 통해 '고발자'의 위치를 얻고자 하는 전략은 그다지 특이하지 않다. '모두가 알고 있는 피박해자'와 자신을

---

12) 기독교 전도자이자 일유동조론자. 일본에 피라미드가 존재한다고 설파하였다—역주.
13) 앞의 책, 134쪽.

동일화함으로써 윤리적인 우위성을 탈취하려는 자세는 모든 '좌파적 사고'에 깔려 있다. '고발자'들은 자신과 동일하다고 인정해야 할 '궁민窮民'으로서 어떤 때는 '장애인', 또 어떤 때는 '성적 소수자' 등을 '피차별자'의 시니피앙으로 무한히 교체하여 사용할 수 있다. '피차별자'들이 입은 상처의 깊이와 존엄의 상실이야말로 그들과 동일화하려는 자기 자신의 정의와 윤리성을 보증해 주기 때문이다.

그러나 유대인과의 동일화라는 판타지는 여기서 열거한 '피억압자 일반'과의 동일화 전략과는 한데 묶을 수 없는 복잡한 요소를 포함하고 있다.

기독교도에 대비되는 유대인의 윤리적 탁월성은 단순히 '죄 없이 배척받는다'는 사실만이 아니라, 종교적 기원에서 기독교에 앞선다는 '성사聖史적 장자권'에 의해서도 기초가 마련되어 있기 때문이다. 이는 '프롤레타리아'나 '서발턴subaltern'[14]이나 '성적 소수'에서는 찾아볼 수 없는 성격을 지닌다. 우리는 '계급 사회 출현 이전의 프롤레타리아'나 '제국주의 시대 이전의 서발턴'이나 '강제적 이성애 체제 출현 이전의 성적 소수'를 상상할 수 없다. 하지만 유대인은 기독교 세계 출현 이전부터 세상에 존재했고, 기독교적 서구를 산출한 모태이다.

---

[14] 포스트식민주의 연구에서 주로 사용되는 용어로서 사회, 정치, 지리학적으로 헤게모니 권력 구조의 바깥에 위치한 사람들을 가리킨다. 안토니오 그람시Antonio Gramsci(1891~1937)가 처음 사용했다고 알려져 있다―역주.

일유동조론자들은 영적인 의미에서 유대인이 기독교도의 '직계 친족'이라는 사실 속에 유대인을 향한 차별이나 박해의 이유가 분명히 존재한다는 점을 직감하고 있었다. 그리고 동일한 논리를 반전시킴으로써, 구미 열강이 일본을 경멸하고 차별하는 까닭은 일본이 (잠재적으로) 서구 열강을 얕보게 될 '신의 제국'이기 때문에, 직계 친족이기 때문에 수난 당한다는 이야기를 성립시킨 것이다.

이 이야기는 메이지(1868~1912)와 다이쇼大正(1912~1926) 기에 구미 선진국에 대한 문화적인 후진성과 정치적인 열등감에 시달렸던 청년들의 감수성에 일종의 청량제 역할을 했음에 틀림없다.

그러나 이처럼 유대인과의 환상적 동일화를 통해 '신국 일본'의 영적 탁월성의 토대를 세우고자 하는 정치적 환상은 판타지만으로 끝나지 않는다는 위험한 역설을 안고 있었다. 만약 유대인과 일본인이 동일한 이유로 박해받는다고 한다면, 일본인의 억압된 욕망("구미 제국을 얕봐야 할 권위"를 점유한다는 것)은 그대로 유대인의 욕망이기도 하다는 말이 되기 때문이다.

즉 일유동조론자는 '일본인과 유대인 모두 동일한 박해를 받고 있는 동료이다'라는 식으로 생각한다는 점에서 '친유대'이지만, '유대인이나 일본인이나 동일하게, 상처받은 영적 위신을 회복하고 또다시 세상을 매섭게 노려보는 지위에 오르려 한다'는 전망을 이야기하는 순간, 즉각 '반유대'로 전화된다.

일유동조론이라는 사상의 특징은 유대인에 대한 친화적 · 공감적 태도가 유대인에 대한 공포와 무모순적으로 동거하고 있다는 데 있다.

  십 수 년 전 시부야의 시나고그로 한 랍비를 찾아갔을 때, 랍비가 "재미있는 걸 보여 주겠소"라고 말하며 한 통의 편지를 꺼냈다. 어떤 일본인의 편지로, 거기엔 자신이 얼마나 유대인과 유대교에 깊은 이해와 경의를 품고 있는지가 구구절절 적혀 있었다. 그런 면에서는 상당히 '친유대적'인 편지라고 생각되었지만, 편지 끝 부분에서 이 투서자는 "제가 유대인 여러분을 존경하는 이유는 여러분이 세계의 모든 정치·경제를 지배하고 있기 때문입니다. 부디 일본인인 저 또한 여러분의 동료로 삼아 주십시오"라며 간원하고 있었다. 랍비는 쓴웃음을 지으며, 이는 일종의 '친유대' 일본인이 품고 있는 전형적인 형태의 망상이라고 설명해 주었다. 그때 나는 책으로만 알고 있었던 일유동조론적 사고의 실물을 처음으로 만났던 것이다.

  반유대주의란 꼭 '유대인을 배척하라'는 명시적인 박해 운동만을 가리키는 것이 아니다. 유대인이 일종의 국제적 네트워크를 매개로 세계의 정치·경제·문화를 효과적으로 통제하고 있다고 생각하는 사람(나 또한 때때로 그런 생각을 할 때가 있다)은 설사 현실적인 상황에서는 유대인에 대해 친화적인 태도나 경의를 표한다고 해도, 반유대주의자와 기본적인 세계 인식의 도식을 공유한다는 말이다.

  일유동조론자는 유럽의 반유대주의자와는 이질적이며, 배태된 토양도 완전히 다르다. 하지만 비대화된 애국심과 기독교적 구미 문명을 향한 증오에 근거를 두고 있는 이상, 일유동조론자는 자신의 은폐된 공격성과 지배욕을 유대인에게 그대로 옮기게 되며, 그때 그들의 눈에 유대인은 그야말로 '두려운 패권자'로 비칠 수밖에 없다.

'유대인의 세계 지배 음모'라는 이야기가 수용될 수 있는 일본의 사상적 풍토는 일유동조론이라는 독창적인 망상에 의해 준비되었다. 그리고 그 풍토에 유럽에서 기원한 본격적인 반유대주의가 수입된다. 바로 다이쇼 연간의 일이다.

2. 『시온 의정서』와 일본인

러시아 혁명의 간섭 전쟁인 시베리아 침략(1918~1922)에서 일본군은 시베리아의 반혁명 세력을 지원했다. 이때 적군赤軍과 싸운 일본군들은 백군白軍 병사에게 배포된 팸플릿을 통해 "소비에트 정부는 유대인의 괴뢰 정권이다"라는 프로파간다를 처음으로 접하게 된다. 『시온 의정서The Protocols of the Elders of Zion』라는 이름으로 알려진 반유대주의 문서의 존재를 일본인이 알게 된 것도 이때가 최초이다.

『시온 의정서』의 보급판 전문은 현재 일본어로 번역되어 읽어 볼 수 있다. 노먼 콘Norman Cohn(1915~2007)[15]의 『시온 현자의 의정서―유대인 세계 정복 음모의 신화』(다이나믹셀러즈, 1986)의 '부

---

15) 유대계 영국 역사학자―역주.

록'으로 수록되어 있기 때문이다. 이 유행 상품 티가 나는 제목의 책을 번역한 사람은 부끄럽지만 나이다. 원저는 사상사가 노먼 콘이 저술한 본격적인 역사 연구서인 『제노사이드 허가증Warrant for Genocide』(1967)이지만, 일본판은 '반유대주의 서적'이라고 독자가 오해할 만한 제목을 붙이는 게 판매에 유리하리란 생각에서 제목을 바꾸었다(물론 이 판단은 옳았다). 그래서 장정도 굉장하다.

『시온 의정서』는 '시온 현자'인 국제적인 유대인 조직의 지도자들이 한자리에 모여 세계 지배 계획을 논한 의사록이라는 형태를 띤다. 내용에 관해서는 콘 자신이 솜씨 좋게 정리한 요약을 그대로 인용하겠다.

"『시온 의정서』 혹은 강연 기록은 24항목으로 나뉘어 있고, 영어판으로는 약 100쪽 분량이 되는 소책자이다. 내용을 한마디로 말하기란 몹시 힘들다. 문체는 과장되고 쓸데없이 길며, 논의는 지리멸렬한 데다 비논리적이어서 요약할 수 없기 때문이다. 하지만 다소 끈기를 갖고 읽어 보면 크게 세 가지의 테마가 부상한다. 하나는 자유주의 사상 비판, 다른 하나는 세계 지배를 위해 채택해야 할 방법의 기술, 마지막은 최종적으로 확립해야 할 세계 정부의 비전이다. (······)

그 주장을 개략적으로 정리하면 다음과 같다.

근대에 들어 자유주의의 만연으로 귀족 정치는 소멸했다. 그러나 정치적 자유를 향수하는 인민은 무능하여 스스로를 통치할 수 없다. 따라서 사회에 질서를 가져오기 위해 전제 군주를 또다시 불러올 수밖에 없다. 이때 유대인 왕이 군주로서 환호와 함께 영접받도록 시온의 현자들은 면밀히 작전을 다듬어야 한다.

우선 사회 불안 조장을 위해 자유주의를 고무한다. 민중이 자신들의 정치적 의견을 제각기 마음대로 주장하도록 만들면 국정은 즉각 혼란에 빠진다. 현자들은 대립하는 모든 정당을 지원하여 분열을 가속화함과 동시에 민중과 지도자 사이에 불화의 쐐기를 박아 놓는다.

프리메이슨을 비롯한 비밀 결사를 손발로 부려, 국가 간 대립 관계를 부채질한다. 전쟁과 혁명을 선동하는 한편, 기독교도의 도덕적 퇴폐를 재촉한다.

음모를 간파하고 저항하는 자는 실각시키며 암살한다. 저항하는 국가는 전쟁으로 탄압한다.

이리하여 황금과 같은 전능의 권력을 수중에 넣은 현자들이 선임한 다윗 혈통의 유대 왕이 전 세계에 군림하는 때가 온다. 이때 전 세계는 유대교로 개종한다. (……)

대중은 일체의 정치적 권리를 박탈당하고, 비판 능력을 상실하며, 다만 권력을 향한 맹목적 복종만 허락된다. 그러나 한편 군주는 모든 면에서 탁월한 모범일 것을 요구받는다. 군주라 할지라도 부적격하다고 판단되면 용서 없이 폐위시킨다. 군주는 일체의 사리사욕을 초월하고, 현세에 어떠한 자산도 갖지 않으며 오로지 공익만을 위해 움직인다. 이는 폭력과 부정이 없는 세계이다. 이렇게 교묘하게 통치받는 것을 민중 전원이 기뻐하고, 그리하여 시온

의 왕국은 끝없이 지속된다."16)

요약을 일독하는 것만으로도 독자는 "어쩐지 앞뒤가 맞지 않는 이야기 같은데……"라는 인상을 받을 것이다. 당연한 일이다.

왜냐하면『시온 의정서』에 따르면 민중의 정치적 자유를 요구하는 것도, 민중의 정치적 권리를 박탈하는 것도, 혁명을 일으키는 것도, 혁명을 탄압하는 것도, 위정자가 부를 독점하는 것도, 사리사욕 없이 공익에 헌신하는 것도, 세계가 전쟁으로 혼란스러워지는 것도, 끝없이 평화를 향수하는 것도 모두가 시온 현자의 음모라고 설명되기 때문이다.

『시온 의정서』를 믿는다면, 세계가 어떠한 상황에 처하더라도 모두 '시온 현자의 음모'가 된다. 편리한 문서이다.

이 문서의 존재가 역사상 최초로 확인된 것은 1903년 페테르부르크의 신문「군기Znamya」17)에 실렸을 때이나,『시온 의정서』의 보급에 가장 크게 공헌한 사람은 세르게이 닐루스Sergei Nilus(1862~1930)18)라는 신비가이다. 그가 쓴『하찮은 자 안의 위인The Great within the Small and Antichrist, an Imminent Political Possibility. Notes of

---

16) 노먼 콘,『시온 현자의 의정서(프로토콜)-유대인 세계 정복 음모의 신화』(シオン賢者の議定書(プロトコル)-ユダヤ人世界征服陰謀の神話), 우치다 타츠루 역, 다이나믹셀러즈, 1986, 66~67쪽.
17) 1905년 왕당파, 극우 민족주의자, 반유대주의자를 중심으로 페테르부르크에서 창립된 러시아인민연합Union of the Russian People의 기관지-역주.
18) 스위스 이민 가정에서 출생하여 모스크바 대학에서 법률을 전공했다. 그를 통해『시온 의정서』가 유럽에 수백만 부 유포되었다-역주.

an Orthodox Believer』(제3판, 1905)이라는 종말론적 저작에 『시온 의 정서』가 수록되었고, 그 부분만이 제1차 세계대전 중에 각국어로 번역 출판되어 세계에 유포되었던 것이다. 미국의 자동차 왕인 헨리 포드Henry Ford(1863~1947)는 『시온 의정서』의 열렬한 신봉자로서, 자신의 재력을 이용하여 『국제 유대인The International Jew』[19] 이라는 제목의 영어판 '시온 의정서'를 자비로 배포하였고, 이것이 이후 프로파간다로 유용되었다.

러시아 혁명 후의 내전 기간에는 백군 병사들에게 『시온 의정서』의 축약본이 배포되고, 러시아 혁명은 시온 현자의 세계 지배 전략의 일환이라는 선전이 활발히 행해졌다. 다이쇼 연간에 일본에 들어온 것은 이 백군계 러시아 버전이다.

괴문서란 통념상 출처 불명·작자 불명의 문서라고 인식되어 있지만, 예외적으로 『시온 의정서』의 성립에 관해서는 상당히 자세하게 알려져 있다. 양차 대전 사이에 스위스에서 발행 정지를 요구하는 재판이 열리고, 문서의 진위를 놓고 재판소가 증거 조사를 행했기 때문이다. 그 단계에서 상당히 다채로운 사실이 밝혀졌다.

이 문서의 원본은 대단히 의외롭게도 모리스 졸리Maurice Joly (1829~1878)라는 프랑스의 변호사가 쓴 나폴레옹 3세를 풍자하는 정치 팸플릿이었다.

---

[19] 1920년에 제1권이 발행된 후 1922년까지 총 4권짜리 팸플릿으로 간행되었다—역주.

모리스 졸리는 나폴레옹 3세의 독재 체제를 비판하는 좌파적 입장에서 『지옥에서 나눈 몽테스키외와 마키아벨리의 대화Dialogue aux enfers entre Machiavel et Montesquieu』(1864)라는 전체 25장으로 구성된 팸플릿을 출판했다. 여기에서 졸리는 공히 죽은 자인 몽테스키외와 마키아벨리 두 사람이 각기 자유주의와 독재 체제를 옹호하는 대화를 하도록 연출했다. 졸리는 마키아벨리가 나폴레옹 3세를 연기하게 함으로써 풍자적 효과를 노렸던 것이다.

『시온 의정서』는 졸리의 정치 팸플릿에서 민중의 우매와 독재의 효용을 설파하는 마키아벨리의 대사만을 가려 뽑아내 '카피 앤드 페이스트copy and paste'한 것이다. 전체의 40퍼센트가 졸리로부터 도용한 것이며, 제7장에 이르면 전문이 표절이다. 반제정의 입장에 선 자유주의자가 쓴 풍자 팸플릿을 가위와 풀로 잘라 붙여, '세계 지배를 위한 음모 계획서'로 고쳐 쓴 것이므로, 논지가 여기저기 혼란스러운 것은 불가피하다.

그런데 『시온 의정서』가 보이는 최대의 논리적 혼란은 시간상의 혼란이다. 시온 현자가 '이미' 세계를 지배하고 있다는 것인지, 아니면 '이제부터' 세계를 지배하려고 하는 것인지 애매하기 때문이다. 이는 졸리의 『지옥의 대화』에서는 마키아벨리가 '이제부터 민중을 지배하기 위해서'는 어떻게 해야 할 것인지를 미래형으로 말하고 있는 데 반해, 『시온 의정서』에서는 '이미 유대인의 세계 지배가 완료되었다'는 것을 전제로 한다는 차이에서 비롯된 어긋남 때문이다. 따라서 어떤 정치적 행동이 활발히 이루어질 때, 이

것이 '시온 현자가 세계를 지배하려고 행하는 계략'인지, 아니면 '시온 현자의 지배에 저항하는 활동'인지, 그 판정은 완전히 해석자의 자유에 위임된다.

그러나 이 시간상의 혼란으로 말미암아 '어떻게든 해석이 가능하다'는 특성이야말로 『시온 의정서』를 세계적 베스트셀러로 만들어 준 참된 요인이다. 콜라주와 도용이 가져온 이 막무가내식 애매함 속에 『시온 의정서』의 범용성이 깃들어 있다. 지나치게 자명하기 때문에 우리들이 의식하지 못하는 것 중 하나는, 국제 정치란 너무나 많은 요소가 관계하는 복잡한 시스템이기 때문에 조리나 일관성을 요구하는 사고는 반드시 실패하기 마련이라는 점이다. 불합리한 이야기지만, 국제 정치를 말하는 준거 틀로서는 논리 정연한 틀보다는 오히려 해당 국제 정치와 비슷한 정도로 부조리한 틀이 오히려 사용하기에 편리하다.

읽는 사람의 사정에 따라 모든 정치적 사건을 '시온 현자의 음모' 또는 '시온 현자의 음모에 대한 저항 운동'으로 자유롭게 해석할 수 있다. 이는 자신이 반대하는 정치적 행동은 '시온 현자의 음모'이며, 자신이 지지하는 정치적 행동은 '시온 현자의 음모에 대한 저항'으로 해석 가능하다는 말이다. 시온 현자의 음모 자체에는 어떠한 논리나 일관성도 없기 때문에, 시온 현자의 음모에 저항하는 사람의 정치적 입장도 논리나 일관성을 요구받지 않는다. 오히려 『시온 의정서』를 믿는 인간의 정치적 주장이 논리에 맞지 않는다는 사실 자체가 그의 정치적 올바름을 확신시킨다.

매우 솔직하게 말해, 『시온 의정서』와 같은 국제 정치의 해석 틀을 채용하면, 우둔한 사람일수록 그 해석 틀을 받아들이는 자신이 정치적으로 올바르다고 믿기 마련이다. 『시온 의정서』가 전 세계에 폭발적으로 보급된 이유는 여기 있다. 그리고 이 법칙은 우리 시대에 성공한 거의 모든 정치적 이데올로기에 들어맞는다.

어리석은 자의 복음서인 『시온 의정서』는 다이쇼 연간에 일본에 들어왔다. 그 대표적인 전파자가 앞서 이름이 거론된 사카이 카츠이사이다. 그 또한 기독교도이자 미국에서 공부했다는 점에서 나카다 쥬지나 오야베 젠이치로와 닮은 이력의 소유자이다. 그리고 그들과 마찬가지로 신국 일본의 역사적 사명의 성취와 유대 백성의 '시온 땅으로의 귀환'을 결부하는 절충적인 일유동조론자였다.

사카이는 터무니없는 일본-유대의 연대를 이렇게 이야기한다.

"이스라엘 왕국은 그 국민으로 하여금 세계적 발전을 달성하도록 망국의 모습을 가장했으나, 실제는 하루도 망한 적이 없이 그대로 일본 제국으로 승계되었고, 그리하여 이스라엘 왕국의 멸망과 동시에 일본 제국이 건립되었으며, 양국은 모두 만세일계의 황통 및 국체의 진수로서 존재하는데……."(사카이 카츠이사, 『유대인의 세계 정략 운동猶太人の世界征略運動』)[20]

기원전 10세기에 남북으로 분열된 이스라엘 왕국 중 북왕국은

---

20) 굿맨, 앞의 책, 172쪽.

아시리아 왕 사르곤Sargon 2세에게 무너지고(기원전 722), 남왕국(유대 왕국)은 바빌로니아 왕 네부카드네자르Nebuchadnezzar 2세에 의해 무너졌다(기원전 586). 이것은 사카이의 말을 믿는다면 '일본 제국'이 기원전 6세기에 성립했다는 뜻이 된다(『고사기古事記』(712)와 『일본서기日本書紀』(720)에 나오는 진무천황神武天皇의 즉위 연호도 분명 그쯤 된다).21) 실로 세계에 자랑할 만한 황통이 아닐 수 없다.

사카이는 이와 동시에 『유대인의 세계 정략 운동』, 『유대 민족의 대음모猶太民族の大陰謀』, 『세계의 정체와 유대인』이라는 독살스러운 제목의 저서를 차례차례 간행하고, 유대인이 "적인 볼셰비즘으로부터 백인 데모크라시에 이르기까지," 근대적인 정치적 동향(일본의 보통 선거, 여성 참정권 요구까지를 포함해)을 배후에서 조종하고 있다는 기묘한 생각을 선전했다.

사카이의 설명에 따르면, 유대인과 일본인은 모두 세계의 으뜸인 대왕국의 신민이지만, 유대인은 일본인과 달리 그 역사적 사명을 여전히 자각하지 못하고 세계 정략의 음모에 얽매여 있다. 따라서 일본인은 유대인의 음모가 일본에 침입하는 것을 배제하면서 동시에 유대인을 선도해야 한다(상당히 번거로운 임무이다).

"나는 그들이 일본의 곳곳에서 음모를 행하여 황토를 더럽히기를 바라지 않는다. 일본 제국은 그들의 음모에 직면할 필요가 없

---

21) 두 사서에 따르면 일본 초대 천황은 진무천황(기원전 711~585)이고 즉위 시기는 기원전 660년이다—역주.

는 나라이며, 적극적으로 그들에게 지시를 내릴 지위의 나라임을 믿고 있기 때문이다."22)

사카이의 일유동조론은 선행자에게서 찾아볼 수 있는 유대인을 향한 친화적·공감적 요소가 거의 포함되지 않은 순전한 반유대주의이다. 그의 목적은 신국 일본의 영적 우위를 논증하는 것뿐이다. 그리하여 '신국 일본의 영적 우위'라는 근거 없는 망상과 '제국주의 열강에 의한 식민지화의 공포'라는 부정하기 어려운 현실을 '가교하기' 위해, 기독교 세계의 '영적 장자권'의 보지자이면서도 현실의 정치 과정에서는 피박해자인 유대인의 지위를 논리적인 '레버리지(지렛대)'로 사용했던 것이다. 사카이에게 유대인은 오직 논리의 경제가 요청하는 도구에 지나지 않았다.

일유동조론이 열강이 노리는 일본의 군사적(혹은 문화적) '식민지화'라는 추세에 항거해 조국의 정치적·문화적 독립을 견지하고자 한 '우국지정'에서 발로했다는 것, 이는 인정해도 좋다고 생각한다. 행해지는 논의 자체는 지리멸렬하며 거의가 학문적 논증을 감당하지 못하지만, 그럼에도 이러한 논설이 지속되고(근년에 이르기까지), 겉모습을 고쳐 반복하여 재등장한다는 사실을 고려할 때, 이러한 논리적 가교 안에는 일본인의 심금을 울리는 뭔가가 존재한다고 생각할 수 있다.

나카다로부터 사카이에 이르는 일유동조론자를 제1기 일유동

---

22) 앞의 책, 172쪽.

조론자라고 부른다면, 그들은 모두 기독교도 혹은 기독교에 조예가 깊은 사람들이었다. 따라서 신국 일본의 영적 우위를 주장하면서도, 그 논거를 한사코 성서 안에서 찾았던 것이다. 일본의 영적 우위가 예수의 재림이나 세계 인류의 구제를 향한 길이라는 표현 속에는 (극히 일부분이라고는 해도) 보편 구제설적인, 혹은 인류애적인 사고의 여운이 남아 있다. 속마음은 "일본만이 제국주의라는 약육강식의 시대로부터 살아남으면 된다"는 것이지만, 그럼에도 여전히 그들의 내셔널리즘은 성사적인 문맥 속으로 억지로 삽입되어 "세계사적 사명의 성취"라는 명분을 요구했던 것이다.

그런데 『시온 의정서』 이후에 등장하는 다이쇼의 반유대주의자들은 더 이상 그러한 장식적 문장으로 호소하지 않는다. 그들은 노골적인 내셔널리스트이며, 그들이 '유대'라는 언급을 하는 것은 실제 정치의 문맥에서 유의미하게 작동하는 경우로만 제한된다.

그중 한 사람이 『시온 의정서』를 일본에 최초로 소개한 히구치 츠야노스케樋口艷之介(1870~1931)이다. 니콜라이 신학교 출신으로 일본 육군의 요청으로 러시아어 교사가 되었고, 이후 시베리아 침략에 참여한 히구치는 거대한 러시아 제국이 눈 깜짝할 사이에 와해되는 모습을 보고서, 거기엔 "암흑의 힘", "악마의 손"이 개입해 있는 것이 아닌가 생각했다.

"저 잔학함의 그림자 안에는 어떤 암흑의 힘이 숨어 있는 것이 아닐까, 악마의 손이 혁명을 지도하고 있는 것이 아닐까라는 의문이 듭니다."(키타카미 바이세키, 『유대의 화猶太禍』)[23]

히구치의 사상에는 근대 반유대주의의 두드러진 특징인 '음모사관'이 깊숙하게 각인되어 있다.

음모사관은 근대 이전의 기독교-악마주의적 반유대주의에서는 찾아볼 수 없다. 히구치는 연령대로는 나카다 등과 차이가 없지만, 이미 그 사상은 '근대적인 것'으로 바뀌어 있다.

19세기적 근대인은 모든 현상은 원인의 실타래와 긴밀하게 결합되어 있으며, 그 원인의 실타래를 발견하는 것이야말로 '과학적 사고'라는 믿음에 깊이 빠져 있었다. 인과 관계의 발견이야말로 과학이라는 사고는 "하나의 결과에는 반드시 하나의 원인이 대응한다"는 기계론적인 세계관을 부당하게 전제한다. 따라서 '근대 과학주의자'들은 예외 없이 정치 과정을 '기계'라는 메타포로 구상했다. 즉 Y를 '출력', X를 '입력'으로 삼으면, $Y=F(X)$라는 방정식으로 모든 것이 설명된다고 생각했다.

이 경우 F(함수)는 일종의 '블랙박스'로서, 그것이 어떤 구조인지는 부차적인 중요성을 띨 뿐이다. 분자생물학자인 루돌프 쇤하이머Rudolf Schoenheimer(1898~1941)[24]는 이것을 '페니-껌penny-gum 법칙'이라고 명명했다. '페니-껌 법칙'이란 자동판매기에 페니 동전을 넣으면 껌이 나온다는 사실로부터 "동전이 껌으로 변했다"고 추론하는 사고를 가리킨다.[25] 페니-껌 법칙을 적용하면 자동판매

---

23) 앞의 책, 143쪽.
24) 독일 태생의 유대계 미국인 생화학자. 생명을 '동적 평형 상태의 흐름'으로 규정하였다-역주.

기의 메커니즘이 어떠한 것이든(IC 제어 방식이든, 안에 난쟁이가 들어가 앉아 있든) 껌=F(페니)라는 방정식은 흔들리지 않는다.

음모사관은 이에 의거하여 세계 정치를 '페니-껌 메커니즘'으로 이해한다. 100원짜리 동전을 넣으면 100원어치의 껌이 나오고, 200원을 넣으면 그만큼의 껌이 나온다. 그 말은 즉 '제국의 와해'와 같은 거대한 '껌'의 출력이 있는 경우에는 거기에 맞는 '제국 규모의 침공'이 '페니'로서 입력되어 있어야 한다는 뜻이다.

그러나 부르봉Bourbon 왕조(1589~1792, 1814~1830)와 로마노프Romanov 왕조(1613~1917)의 와해 시에 사람들은 제국적 스케일의 '적'을 특정하여 명시할 수 없었다. 말 그대로 '갈팡질팡'하는 사이에, 제국은 발밑으로 무너져 내리듯 와해되었기 때문이다.

이렇게 되면 '적'은 이제 '보이지 않는 적'이 된다.

'겉으로 드러나 있는' 제국의 정치력에 길항할 뿐인 '보이지 않는 뒤편'의 정치 세력이 존재하지 않는다면, '페니-껌 법칙'을 따르는 세계사 인식은 성립하지 않는다. 따라서 기계론적 세계관을 떠받드는 사람들은 그 논리의 경제가 요구하는 바에 따라 "암흑의 힘", "보이지 않는 정부" 따위를 상상을 통해 부득이하게 만들어 내기 시작한다.

역사적인 변동을 어떤 '보이지 않는 계략자'의 기획으로 돌리는

---

25) 후쿠오카 신이치福岡伸一, 『이제 안심하고 쇠고기를 먹어도 될까?もう牛を食べても安心か』, 문춘신서, 2004년, 59쪽.

이러한 발상을 우리는 음모사관이라고 부르지만, 19세기 정치 사상가 중 이 폐해를 비껴간 사람은 거의 없었다고 해도 과언이 아니다. 그 냉철한 마르크스조차 『헤겔 법철학 비판 서론Zur Kritik der Hegelschen Rechtsphilosophie』에서 이렇게 쓰고 있다.

"한 국민의 혁명과 시민 사회의 어떤 특수한 계급의 해방이 일치하기 위해서는, 하나의 어떤 입장이 사회 전체의 입장으로 통용되기 위해서는, 거꾸로 사회의 모든 결함이 한 계급으로 집중되어 있어야 하고, 나아가 이 특정한 계급이 일반적 장애의 입장, 즉 일반적 제약들의 화신이어야 하며, 특수한 하나의 사회 영역이 전체 사회에 대하여 모르는 사람 하나 없는 침해로 간주되어 그로부터의 해방이 곧 일반적 자기 해방으로 인식될 수 있어야 한다."[26]

사회가 제대로 기능하지 않는 이유는 사회의 불행으로부터 이득을 얻는 '침해자'가 존재하기 때문이므로 '침해자'를 무너뜨리면 사회는 제대로 회복된다는 19세기적인 '이야기'를 마르크스 또한 여기서 반복하고 있다. 우리의 주의를 끄는 것은 마르크스의 글에서 "⋯⋯이어야 한다"는 표현이 집요하게 반복된다는 점이다. 그는 사회의 모든 불행의 원인이자 사회의 불행으로부터 독점적 이득을 보는 '단일한 침해자'가 존재한다는 사실을, 논증하기에 앞서서 갈망하고 있는 것이다.

---

[26] 칼 마르크스, 『헤겔 법철학 비판 서론ヘーゲル法哲学批判序論』, 마시타 신이치真下信一 역, 국민문고, 1970년, 347쪽(강조는 마르크스).

일본 최초의 음모사관론자라고 할 히구치 츠야노스케에 이어, 몇 명의 근대적인 반유대주의자들이 등장한다. 『세계 혁명의 뒤편 世界革命の裏面』이라는 제목으로 『시온 의정서』를 최초로 일본어로 완역하여 간행한 야스에 노리히로安江仙弘(1888~1950) 또한 러시아어를 배우고 시베리아 침략으로 러시아 땅을 밟았다는 점에서 히구치와 닮은 경력을 가진 군인이다. 그는 참모본부부가 되어 팔레스타인 현지 조사를 실시하였고, 그 후 관동군 대련大連 특무기관에 들어가 전전과 전중의 일본 군부에서 유대 문제의 권위자로 인정받았다.

1933년 히틀러가 정권을 획득하고 이듬해엔 수상 및 대통령을 겸하는 '총통'이 되어 내정과 외교에서 빛나는 실적을 거두면서 독일은 또다시 유럽의 강국으로 복귀한다. 일본에서도 1940년에 체결되는 독일·이탈리아·일본의 3국 동맹으로 향하는 친-나치의 거대한 흐름이 생긴다. 그 와중에 나치 식의 "유대인 문제의 최종적 해결"에 동조하는 미디어나 이데올로그가 일본에서도 출현했다. 독일 대사관의 지원을 받으면서 일본의 반유대주의는 드디어 '기이한 사고'에서 '국책'으로의 위험한 이동을 달성하게 된 것이다. 이 시기에 나타난 반유대주의자의 특징은 내셔널리스트만이 아니라 전향한 좌파 지식인 중에서도 반유대주의자를 찾아볼 수 있다는 점이다.

이 새로운 사조를 대표하는 사람이 쿠로다 레이지黒田礼二(1890~1943)[27]이다. 쿠로다는 신인회新人會[28]의 창립 멤버 중 한 사람으로, 1920년대 좌파 학생 운동을 이끈 이 조직에서 이탈한 후, 1931년에 뮌헨에서 「아사히신문」이 기획한 히틀러 회견을 경험하고서는 완전히 전향하여 반유대주의자가 된다.

"어떤 민족국가가 그 고유의 문화와 국위를 발양하려면 무슨 일이 있어도 단호하게 눈에 보이는, 혹은 눈에 보이지 않는 유대주의를 배격 분쇄하지 않고서는 불가능하다는 확신을 얻었다. 나는 일본에 대해서도 역시 동일한 주장을 하고 싶다."(「파나마운하 대의옥 이야기―유대적 수법의 적례パナマ運河大疑獄物語-猶太的遣口の好適例」(『국제 비밀 세력의 연구 제2권~5권国際秘密力の研究 第二册~第五册』)29)

일본에서는 그 예가 드물지만, 유럽에서는 오히려 사회주의로부터 반유대주의로의 이러한 '전향 그룹'이 반유대주의의 핵심 부대를 이루고 있다. 사회주의는 '부르주아 대 프롤레타리아'라는 계급 대립 도식으로 사회 모순을 설명하므로, 이 '부르주아'를 '유대

---

27) 「오사카 아사히신문」의 베를린 특파원. 보르네오로 향하던 중 타고 있던 선박이 공격받아 사망하였다―역주.
28) 도쿄 제국대학의 학생들이 중심이 되어 1918년 창설한 조직으로 아카마츠 카츠마로赤松克麿, 미야자키 류스케宮崎龍介, 아소 히사시麻生久, 와타나베 마사노스케渡辺政之輔 등이 참가하였다. 언론 활동에 머물지 않고 중국 · 조선의 동지와의 연대, 노동 운동과의 공동 투쟁 등 광범한 사회 활동을 실천하였다. 중심 회원들은 1922년 일본공산당 설립에 참여하였다. 1929년 해산되기까지 나카노 시게하루中野重治, 오오야 소이치大宅壮一, 하야시 후사오林房雄 등 많은 지식인을 배출했다.
29) 굿맨, 앞의 책, 169쪽.

인 자본가'로 치환하면 사회주의는 무모순적으로 반유대주의에 접목될 수 있다. 실제로 드뤼몽의 『유대적 프랑스』가 발표되었을 당시 사회주의자들 중에서 열렬한 지지자들이 적지 않게 나타났다. 유럽의 사회주의자가 반유대주의와 결별하는 데는 드레퓌스 사건(1894~1899)[30]까지 기다려야 했다.

전시 중 일본의 반유대주의에 관해서는 여기서 또 하나의 불가해한 '비틀림'을 지적할 필요가 있다. 이는 언론이 격렬한 친나치·반유대 소요를 전개했음에도 불구하고, 외교적인 수준의 대對 유대 정책에서는 상당히 현실적인 태도를 취했다는 점이다.

일본 정부의 대 유대 정책은 1938년에 육군대신 이타가키 세이시로板垣征四郎(1885~1948)[31]의 주도로 제정되었다고 하는데, 그 기본 시책에는 "타국인과 동등하게 유대인을 공정 취급하고, 특별한 배척 조치를 취하지 말 것"이라는 1조가 포함되어 있다. 당시 유대인 난민 약 2만 명이 만주국 입국을 바라고 있었는데, 독일 외

---

[30] 독일군의 스파이라는 혐의를 받은 프랑스 포병장교 알프레드 드레퓌스 Alfred Dreyfus(1859~1935)가 1894년에 종신형을 받은 사건. 드레퓌스가 스파이라는 확증은 없었으나 유대계라는 이유로 범인으로 몰렸다. 진범이 드러났음에도 군부는 이를 은폐·축소하였으며, 1899년 열린 재심에서도 군법회의는 그에게 또다시 유죄 판결을 내렸다. 하지만 같은 해 대통령 특사로 무죄 사면되었고, 1906년 최고재판소로부터 무죄 판결을 받았다—역주.

[31] 관동군 참모장, 두 차례의 내각 육군대신, 일제가 식민지 조선에서 운용한 조선군 사령관 등을 역임했다. 종전 후 도쿄 재판에서 A급 전범으로 사형 판결을 받고 1948년 교수형에 처해졌다—역주.

무성의 강경한 거부 요청에도 불구하고 일본 정부는 난민 수용을 결정했다. 일본이 실질적으로 지배했던 해상에서도 약 2만 명의 유대인이 유럽으로부터 탈출해 있었는데, 이들 또한 게토에 수용되어 행동 범위의 제약은 받았지만 유럽의 유대인이 당했던 폭력적인 박해는 받지 않았다.

제법 그 이름이 알려진 스기하라 치우네杉原千畝(1900~1986)는 리투아니아 주재 영사대리로서, 나치의 억류 이송으로부터 벗어나고자 비자를 요청해 온 2천 명의 유대인에게 비자를 발행하여 많은 인명을 구했다. 스기하라가 취한 행동의 동기가 어디에 있었는지는 구체적으로 알 수 없지만, 적어도 그 긴박했던 국제 정세 속에서 일개 외교관이 공무의 일환으로 유대인에게 비자를 발행할 수 있었다는 사실 자체는 일본 정부가 취한 대 유대 정책의 '관대함'을 보여 준다.[32]

전시 중의 반유대주의자 중에는 또 한 명의 인상 깊은 인물이 있다. 1942년의 중의원 선거에서 반유대주의를 강령으로 내걸고 입후보하여, 전국 최고 득표로 당선된 퇴역 육군중장 시오텐 노부타카四王天延孝(1879~1962)이다.

시오텐은 제1차 세계대전 시부터 유럽 각국을 방문한 '유대 전문가'이자, 『유대 민족의 연구猶太民族の硏究』(1925)에서 유대인은

---

[32] 스기하라가 NHK와 행했던 인터뷰 중에 그 행위의 동기를 인도주의적 관점에서 바라보게 하는 내용이 있다. "누구라도 그 자리에 있었다면 그렇게 했을 것이다."-역주.

일본을 예속시킬 기회를 엿보고 있다는 논의를 전개했다. 시오텐의 논의는 거의가 나치의 반유대 프로파간다를 따르는 것이었는데, 난민화된 유대인을 향한 인도적 배려나 유화책에 대해서도 반대했다. 그러나 '나치즘적 반유대주의 프로파간다의 모범 답안'이라고도 할 수 있는 시오텐의 주장은 일본 정부의 대 유대 정책에 그다지 영향을 끼치지 못했다.

동맹국의 거듭된 요청에도 일본 정부가 폭력적인 반유대주의 정책을 단행하지 않았던 이유로서 생각할 수 있는 것은, '유대의 국제적 네트워크'로부터 경제적 지원을 끌어낼 수 있지 않겠느냐는 기대가 군부 내에 복류하고 있었다는 점이다.

실제로 앞서의 기본 시책에는 일본의 실효적 지배지(만주, 중국)로 유대인을 적극 불러들이는 행동은 피해야 하지만, "다만 자본가·기술자와 같이 특별히 이용 가치가 있는 자는 예외로 한다"고 단서를 달고 있다. 도조 히데키東條英機(1884~1948)[33]도, 마츠오카 요스케松岡洋右(1880~1946)[34]도 공히 자신들은 반유대주의 시책을 행할 뜻이 없음을 (동맹국인 독일의 불쾌함을 예측하면서도) 호언했다. 이 사실에 대해 그들이 '인도적인 정치가였으므로'

---

33) 일본 육군 장교. 내각 총리, 육군대장을 겸임하며 태평양 전쟁을 주도했으며, 패전 후 A급 전범으로 처형되었다-역주.
34) 일본의 국제연맹 탈퇴, 3국 동맹 결성, 소일중립협정 체결 등 제2차 세계대전 전시 일본 외교의 중요한 역할을 담당했다. 패전 후 도쿄 재판 공판 중 사망하였다-역주.

라고 설명하는 사람은 거의 없을 것이다. '세계를 실질 지배하고 있는 민족은 유대인이다'라는 반유대주의적 전제를 뒤집어서, 유대인이 그 정도로 강대한 권력을 가지고 있다면 박해하기보다는 남몰래 이용하는 편이 오히려 국익에 맞지 않겠느냐는 '망상에 기초한 실리적 계산'의 측면도 있을 수 있다.

군부에 '유대인을 용인하는' 이러한 정치사상이 존재할 수 있었다고 추측하기란 그다지 어렵지 않다. 야코브 시프의 공채 인수로 러일전쟁에서 간신히 승리할 수 있었다는 (일반 국민은 거의 모른 채 정부 요인들만 알고 있던) 사실의 기억은 당연히 정부의 다른 어떤 부문보다도 군부에 선명했을 것임이 분명하기 때문이다. 유대인에 대한 은의의 감정과 유대인의 국제적인 경제 네트워크 실력에 대한 경외·공포심은 일본의 고위 군인에게 러일전쟁 이래 지우기 어려울 정도로 스며든 일종의 '트라우마'였다.

지금까지 메이지 초년부터 패전까지 일본의 반유대주의의 역사를 빠른 발로 개관해 보았다. 일유동조론으로부터 나치즘적 반유대주의까지 다양한 형태를 찾아볼 수 있는데, 우리는 거기서 그러한 갖가지 생각을 관통하는 패턴을 인지할 수 있다.

첫 번째 특징은 일본의 반유대주의는 환상적인 차원의 현상이었다는 점이다. 일본인과 유대인 사이에는 현실적인 접점이 없으므로 당연하다면 당연한 말이다. 상해나 만주에서 유대인과 접촉한 군인 외교관들을 제외하면 유대인은 일본인에게는 거의 일관되게 가상의 virtual 존재였다.

일본인이 이 '가상의 유대인'을 반복하여 호출한 까닭은 '자신들의 사정' 때문이었다. 일유동조론부터 시오텐의 반유대주의에 이르기까지 그 모든 것에 공통된 점은 '국민국가의 정치적 위기'와 '국민적 정체성의 동요'라는 두 가지 정치적 요인factor이다.

일유동조론은 구미 열강에 의한 식민지화 그리고 일본 고유의 전통문화 소멸에 대한 위기감과 공포를 배양기로 삼아 태어났다. 이는 페리 내항[35]으로부터 러일전쟁까지 근대 일본이 느낀 위기감에 직접적으로 대응한다. 이 민족적 위기감은 거의 '히스테리'에 가까운 것이었으므로, 일유동조론과 같은 병적인 망상이 수용될 수 있는 심리적인 소지는 충분했다.

한편 『시온 의정서』의 음모사관은 대만 병합, 조선 병합, 시베리아 침략과 같은 일본의 본격적인 제국주의적 해외 진출이라는 정치적 문맥 속에서 등장했다. 우선 국민국가로서의 '근대화' 조건을 정비한 일본은 곧이어 '지나치게 빠른 근대화'에 대한 반발에 직면한다. 보통 선거, 여성 참정권, 언론의 자유, 집회 결사의 자유, 무산 정당의 등장 등, 일련의 시민적인 권리 청구가 도시화와 전통적인 농촌 공동체 해체와 보조를 맞춰 등장했다. 필시 이때에 '공동체의 위기'를 느낀 사람들이 있었을 것이다. 이 보수적인 일본인들은 눈앞에서 진행되는 일본의 전통적인 사회 시스템의 와

---

[35] 1853년과 1854년 두 차례에 걸쳐 페리Matthew Calbraith Perry(1794~1858) 제독이 이끄는 미국의 군함 4척이 도쿠가 막부를 위협하였고, 이에 일본은 개국을 결정하였다—역주.

해나 가치관의 해체를 설명하는 새로운 논리적 틀을 요구했다. 사회 질서 붕괴의 책임을 전가할 '장본인'을 지명하는 것은 그들에게 무엇보다 긴요한 사상적 과제였던 것이다.

쇼와昭和(1926~1989) 연간에 들어서면서 국제 정치상 일본의 '첫 번째 주적'은 미국이 되지만, 『시온 의정서』는 모든 나라의 정책에 적용할 수 있으므로 이번엔 연합국의 모든 정부를 실질적으로 지배하는 자가 유대인이라는 이야기가 채용된다. 따라서 스탈린Iosif Stalin(1878~1953), 장개석蔣介石(1887~1975), 루즈벨트Franklin Roosevelt (1882~1945), 처칠Winston Churchill(1874~1965)이 이미 '국제 유대인의 피에로'라는 설은 전시 중에 거대 신문을 통해 소리 높여 주창되었다.

이러한 일련의 현상들의 공통점은 불순물 없는 선량한 국민국가 안에 국민이 통합되어 있는 상태가 '국가의 자연스러움'이라는 일본인의 원망(혹은 망상)이다. 그러한 단일체로서 국민국가를 상정하는 사람들은 국민국가란 복수의 유동적 요소가 우연히 일시적으로 형성된 과도기적인 '침전물'과 같은 것이며 언젠가 때가 오면 생성된 때와 마찬가지로 해리되기 마련이라는 점, 즉 통시적인 흐름 속에서 정치 과정을 이해하기를 꺼린다. 국민국가는 견고하며 '만세일계'의 단일체여야 한다는 전제의 망상이, 입력과 출력이 페니 동전과 껌처럼 대응하는 '폐쇄계'를 요구하는 것이다.

지금까지의 논의를 통해 이해하게 된 것 중 하나는 '유대인이 본 일본의 역사'와 '일본의 반유대주의의 역사'가 동의어였다는 점이다. 또 다른 하나는 일본의 반유대주의는 정보의 결여에 의해 발생한 것이 아니라, 오히려 욕망의 과잉이 불러왔다는 점이다.

이번 장의 서두에서 나는 이런 물음을 던졌다. "일본인은 유대인이라는 개념을 얻음으로써 무엇을 손에 쥐게 되었는가?" 나는 이 질문에 우선은 정답에 가까운 대답을 제출하지 않았는가 생각한다.

메이지 시기의 '일유동조론'을 통해 일본인이 얻고자 한 것은 '성사聖史적-영적 장자권'에 기인한 수난의 '이야기'였다. 이 '이야기'를 통해 일유동조론자들은 세계사적인 통용성을 발휘하는 (그들이 그렇다고 믿을 수 있었던) '혈통 신화'를 손에 얻었다. 다이쇼기의 근대 반유대주의를 통해 일본인은 음모사관이라는 '폐쇄계의 정치학'을 손에 얻었다.

이러한 것들은 동일한 병적 망상의 두 가지 증상이다. 이 망상이라는 병을 앓음으로써 일본인은 일종의 '질병이득'을 얻었다(물론 그 이상의 것을 잃었지만). 이렇게 하여 얻은 이득이 다른 병태로는 대체할 수 없는 이득이라고 한다면, 일본인은 앞으로도 분명히 동일한 병을 계속해서 앓을 것이다.

3장 반유대주의의 생리와 병리

1. 선인善人의 음모사관

음모사관이란 '페니-껌 법칙'에 기초한 역사 해석을 말한다. '단일 출력에 단일 입력이 대응한다'고 믿는 사람은, 얼마나 많은 선의를 지녔건 얼마나 박식하건 간에 음모사관을 피할 수 없다.

그러나 나는 여기서 음모사관을 근절하자고 독자에게 호소할 생각은 전혀 없다. 음모사관은 어떤 의미에서는 인간이 가진 선함의 발로이기 때문이다.

음모의 '장본인'을 영어로는 'author'라고 한다. '오서author'란 일상용어에서는 '저자'라는 의미로 사용된다. 어떤 작가가 한 작품의 '오서'라고 할 때 이는 그 작가가 그 작품의 '창조주'이고 '통제자'이며, 텍스트의 의미를 구석구석까지 숙지하고 있는 '전지자'라는 뜻을 함의한다.

롤랑 바르트Roland Barthes(1915~1980)가 '작가의 죽음'을 통하여, 텍스트의 '창조자-통제자'로서의 '오서'라는 것은 근대가 만들어 낸 환상에 불과하다고 가차 없이 고발한 후로 이제 40년이 경과하였다. 바르트의 텍스트 이론은 우리 시대의 '정설'이자, 대학원생의 문학 이론 해설서에는 '텍스트는 오서의 것이 아니다'라고 어엿하게 쓰여 있다. 그럼에도 변함없이 우리 사회에서 '작가'는 자신의 '작품'에 대하여 독점적인 '오서십authorship'이나 '카피라이트copyrights'를 보유하고 있다. 나 자신도 바르트의 이론이 옳다고 생각하며, "카피라이트 따위는 누구도 점유할 수 없는 것이다"라고 여기저기에 쓰고는 있지만, 원고료나 인세 수령을 거부한 적은 없다. 이는 즉 이 이론이 옳기는 하지만, 현실과는 괴리되었음을 의미한다.

옳지만 현실과 괴리된 이론은 텍스트 이론 외에도 얼마든지 있다. 정치 이론의 반수 이상은 그렇다고 말해도 좋다. '올바른 정치 이론'을 말하는 사람들은 공통적으로 '올바르진 않더라도 인간의 본성에 기초한 신빙성'의 끈질김을 과소평가하는 경향이 있다.

그것이 없으면 인간성 자체가 성립할 수 없는 종류의 '올바르지 않은 신빙성'이라는 것이 인간 안에는 조직되어 심겨 있다. 불쾌하더라도 이 사실을 인정해야 한다.

'오서'란 그러한 '올바르지 않은 신빙성'의 하나이다. '오서'는 '페니-껌 법칙'으로 말하면 '페니'이다.

껌이 눈앞에 나타났을 때 자동적으로 '이는 등가의 동전이 판매기에 들어가 나온 결과이다'라고 믿을 수 있는 사람에게만 '오서'의 개념은 리얼한 것으로 실감 나게 비친다. 그렇지 않은 사람(나온 껌은 몇 가지 팩터의 복합적 효과에 의해 생긴 가능성이라는 점을 음미하는 사람)에게 '오서'라는 개념은 그 정도로 리얼하지 않다 (다만, 그런 유형의 사람은 상당히 드물다).

하나의 결과에는 반드시 하나의 원인이 있다는 명제가 올바르지 않다는 사실은 현실을 조금만 관찰해 보면 누구나 알 수 있다. 가장자리까지 아슬아슬하게 가득 찬 물 잔에 마지막 한 방울의 물이 떨어져 넘치게 될 때, 그 '마지막 한 방울의 물'을 범람의 '원인'이라고 생각하는 사람은 그다지 현명하지 못하다. 현재 내 심기가 좋지 않은 이유가 공복 탓인지, 어제 있었던 회의 탓인지, 원고 마감이 다가오기 때문인지, 확정 신고의 세금 액수 탓인지, 어느 하나를 '원인'으로 특정하겠다고 해도 그건 불가능하다(특정해도 상관은 없으나, 그 원인을 제거해 봐도 좋지 않은 심기가 나아지지는 않는다).

'단일 원인'이라는 사고방식이 모든 결과에 적용되지 않는다는 것쯤이야 조금만 생각해 보면 누구나 알 수 있다. 하지만 그 사고방식을 근절할 수는 없다. 이론적으로는 가능하지만 현실적으로는 곤란한 경우가 우리 사회에는 다수 존재한다(예컨대 자본주의 시장 경제의 폐지처럼). 그러한 것에 대처하려면 '철저한 배제'나 '근절'이라는 명백한 정치적 해결법을 자제하고, 오히려 그러한 것을 필요로 하지 않고서는 살 수 없는 인간의 심성 구조를 해명하고, 그것이 가져오는 부정적인 효과를 최소화하는 데 지적 자원을 집중하는 편이 보다 경제적이라고 생각한다.

우리는 어떤 현상의 모든 국면을 배타적으로 관리하는 '오서'가 이미 존재하고 있다고 믿는 경향이 있다. 이는 거의 인간의 유적 숙명이라고 할 만한 선천적인 경향으로서, "그만두라"고 하여 바로 "예, 그렇게 하겠습니다"라고 대답하며 버릴 수 있는 것이 아니다. 왜냐하면 '악의 장본인'을 믿는 심성은 '조물주'나 '창조신'을 요구하지 않고서는 배기지 못하는 심성과 동일하기 때문이다. 어떤 파멸적인 사건이 일어났을 때, 어디엔가 '악의 장본인'이 있어서 그가 그 모든 것을 컨트롤하고 있다고 믿는 사람들과, 이를 신이 인간에게 내린 징벌이라고 받아들이는 사람들은 본질적으로 동류이다. 그들은 현상이란 완전히 무작위적으로 발생하는 것이 아니라, 어떤 초월적인 (보통 사람에게는 보이지 않는) 법칙이 거기에 이미 복류하고 있다고 믿기 때문이다(그리고 우리들의 절반은 그런 유형의 인간이다). 따라서 음모사관은 신앙을 가진 자가 빠지는 함정이 된다. 신을 믿을 수 있는 사람만이 악마의 존재를 믿을 수 있다.

악마란 신의 룰을 숙지하고 있기에 신의 뒤통수를 칠 수 있는 존재이다. 신이 정한 룰과 관계없이 행동하는 악마는 존재하지 않는다(신의 룰을 모르는 고약한 악마라면, 자신의 의도와 상관없이 악인을 벌하여 세계를 구할 가능성이 있기 때문이다). 악마는 신의 초월적인 법칙 실현을 체계적으로 방해함으로써, '방해해야 할 초월적인 법칙이 존재한다'는 사실을 확증할 필요가 있을 때마다 요청되는 존재이다.

음모사관의 근절이 힘든 이유는 바로 그 때문이다. '초월적으로 사악한 존재가 세계를 지배하려 하고 있다'는 믿음은 전지전능한 초월자를 갈망하는 인간의 '선성善性' 안에 이미 소재로서 포함되어 있기 때문이다.

2. 프랑스 혁명과 음모사관

젊었을 때 나는 19세기 프랑스의 반유대주의를 제법 오랜 기간에 걸쳐 조사한 적이 있다. 대표적인 논객 몇 사람이 쓴 저작들은 상당히 열심히 읽었다. 그리고 나는 그들 대부분이 그다지 지적이지는 않지만 매력적인 인간임을 알고 크게 놀랐다. 읽다 보면 "아아, 좋은 사람이잖아"라고 생각되어 마음이 '찡'해질 때가 몇 번이나 있었다.

내가 그때까지 읽었던 반유대주의에 관한 역사서에서는 (그 대부분이 유대인 역사가의 손으로 쓰여진 탓도 있으나) 반유대주의자가 '인간적으로 비교적 괜찮은 사람'이라는 식의 기술은 나올 수가 없었다. 그들은 손톱만큼의 지성도 없는, 사악하고 비도덕적인 인물로 그려졌다. 물론 그렇게 오랜 기간에 걸쳐 그토록 비인도적인 박해를 정당화해 온 사람들에 대해 그런 정치적 평가를 내리는 것이 적절하다는 사실에 나는 전혀 반대하지 않는다.

하지만 내가 여기서 문제 삼고 싶은 것은 그럼에도 그들이 오히려 '좋은 사람'이었다는 패러독스이다.

  태어나면서부터 사악한 인간이나 폭력적인 인간, 혹은 과도하게 이기적인 인간만이 반유대주의자가 된다면, 어떤 의미에서는 우리들도 마음이 편해진다. 그런 인간이라면 비교적 간단하게 선별하여 걸러 낼 수 있기 때문이다. 그런 종류의 '악인'만을 경계하면 파국은 회피할 수 있다.

  그러나 내가 반유대주의자의 저작을 읽고 알게 된 사실은 그 사람들이 꼭 사악한 인간이거나 이기적인 인간은 아니라는 것이었다. 오히려 신앙심이 깊고, 박식하고, 공정하며, 불의를 격렬히 증오하고, 탁상공론을 싫어하고, 싸움의 현장에서 도망치지 않으며, 자신의 주먹에 사상의 무게를 주저 없이 거는 '수컷 농도'가 짙은 인간이 자주 최악의 반유대주의자가 되었다.

  단순한 '반유대주의자=인간의 탈을 쓴 악귀'라는 설에 기댄다면, 분명 역사 기술은 간단해진다. 그러나 거기에 머문다면, 지금도 존재하며 앞으로도 계속해서 존재할 인종 차별이나 민족 차별이나 제노사이드(집단 살육)라는 재앙을 막을 수 없다.

  '반유대주의자 중에는 선의의 인간이 다수 포함되어 있다'라는 전제를 통상적이자 명료한 사실로 받아들이고, 그렇다면 과연 '선의의 인간이 대량 학살에 동의하게 되는 현상이 어떠한 논리 과정을 거쳐 발생하는지'를 묻는 편이, '대량 학살에 동의하는 인간은 인간 이하의 존재이다'라고 무시하고 잊어버리는 편보다 사상사 연구의 과제로서는 생산적일 것이다.

반유대주의자에 관해 생각할 때면 야스쿠니靖国 신사에 안치된 A급 전범 문제가 연상되는 경우가 있다. 도조 히데키 이하 전범들을 '극악인'이라고 단정함으로써 만사가 해결됐다고 여기는 사람들에게 나는 동의하지 않는다. 또한 그들의 개인적인 자질이나 업적의 탁월함을 논하며 "이런 대단한 인물이었으므로 그 영령을 기리는 것은 당연하다"고 주장하는 사람들에게도 동의하지 않는다. 오히려 나는 어떻게 하여 "그런 '대단한 인간'들이 자신들이 사랑하는 나라에 파멸적인 재앙을 가져오게 되었는가?"라는 질문에 흥미를 느낀다.

그 사람의 선의, 무사 무욕, 명석함도 그가 범한 치명적인 정치적 실책을 막지 못했다. 우리들은 이 통절한 사실로부터 시작해야 하지 않을까? 거기서 시작하여 선의나 무사 무욕이나 지능과는 상관없이 활발하게 기능하는 어떤 '정치적 경향'을 해명하는 데 우선적으로 힘을 쏟아야 하지 않을까? 나는 그렇게 생각한다.

음모사관의 기원은 프랑스 혁명기로 거슬러 올라간다. 프랑스 혁명 당시, 많은 사람들의 눈에는 하루아침에 부르봉 왕조가 와해된 듯 보였다. 이를 오랜 시간이 경과하여 약화된 정치 시스템의 자연스러운 이동으로 간주하는 정치사 해석의 습관은 18세기에는 아직 존재하지 않았다. 그러므로 런던으로 망명한 귀족이나 사제들은 "이 혁명을 계략한 자는 누구인가?"라는 물음에 열중했다. 실제로 많은 '계략자'가 '범인'으로 의심받았다. 자코뱅파, 영국의 해적자본, 프로테스탄트, 프리메이슨, 템플 기사단, 바바리안 일루미나티Bavarian Illuminati[1] 등등.

역사서에 따르면, 최초에 '프랑스 혁명 유대인 음모설'을 외친 사람은 오귀스탱 바뤼엘Augustin Barruel(1741~1829)이라는 예수회 사제라고 한다. 이 신부는 저서인 『자코뱅주의의 역사를 위한 기록Mémoires pour servir à l'Histoire du Jacobinisme』(1798)에서 프랑스 혁명은 비밀 결사 프리메이슨의 음모에 의한 것이라는 설을 개진했다. 신부가 프리메이슨을 '오서'로 진단하기를 멈추고 유대인 주범설로 돌아선 것은 만년에 들어서였다(이는 보낸 이가 불확실한 한 통의 편지를 받고서 '회심'한 결과이다). 우리는 이 변절을 웃어넘기기에 앞서, 어째서 그렇게 쉽게 신부가 자신의 주장을 뒤엎을 수 있었는지를 의심해야 한다.

우리가 이 사례로부터 배울 수 있는 것은 음모사관론자에게 우

---

[1] 1776년 바이에른 왕국 잉골슈타트 대학의 실천철학 교수인 아담 바이스하우프트Adam Weishaupt(1748~1830)가 창설했다는 비밀 결사. 교수는 계몽주의적인 인류의 윤리적 완성가능설Perfektibilismus을 제창하여 동맹 집단을 만들었는데, 이것이 이후 일루미나티로 개명되었다. 조직 체계는 원시 공산주의를 지향하는 측면과 조직 내부의 위계질서 측면이 혼합되어 있다고 한다. 하지만 1777년 바이스하우프트 교수 자신이 프리메이슨이 되어 양쪽 집단의 활동을 병행하게 된다. 결국 1784년 바이에른 왕국이 모든 비밀 결사를 금지하고, 1785년에는 교황청에 의해 가톨릭 이단으로 규정되어 활동을 멈췄다. 전성기에는 각국에 지부를 두고 귀족, 대부호, 정치가, 지식인 등 약 2천 명의 회원을 자랑했다고 전해진다. 한편 현재에도 일루미나티의 활동은 지속되고 있다는 설이 있는데, 언젠가 전체주의적 통일 정부인 신세계질서New World Order를 설립할 것이라는 설이다ー역주.

선시되는 것은 '오서가 존재한다'는 도식 자체이지, '오서가 누구인가?'라는 물음은 부차적인 중요성밖에 없다는 점이다. 모든 악을 한 몸에 지니고 있으므로 그 사회 집단을 배제하면 사회 시스템의 실패는 모두 회복된다는 믿음이 존재한다는 사실 자체가 일차적으로 중요하다. 그러한 사회 집단이 '존재한다'는 사회적 합의만 성립한다면 그것이 '누구인가'에 관한 추리를 하는 데는, 즉 '페니 동전을 투입했다'는 사회적 합의만 성립한다면 '페니 동전이 무엇이었는가?'라는 질문에 관해 갖가지 설이 병존하는 데는 거의 아무런 문제도 없다.

프랑스 혁명의 '오서'가 누구인가를 물을 때 가장 합리적이라고 여겨진 추론은 '프랑스 혁명으로 인한 최대 수혜자가 누구인가?'라는 추론이었다. 혁명으로 가장 이익을 얻는 자가 혁명의 장본인이라는 추리는 '페니-껌 법칙'적 추론의 전형이다.

우리는 '어떤 사건의 수혜자가 그 사건의 기획자'라는 주장이 논리적으로는 성립되지 않는다는 점을 알고 있다. 일본에는 '바람이 불면 나무통 장수가 돈을 번다'[2]는 속담이 있다. 나무통 장수는 바람의 '수혜자'이지만, 바람을 일으킨 '장본인'은 아니다. 그러나 프랑스의 반유대주의자는 그러한 생각에 이르지 못했다. 19세기 프랑스 최대의 베스트셀러이자, 근대 반유대주의의 고전인 에두아

---

[2] 바람이 불면 먼지로 인해 장님이 늘어나고, 장님이 늘어나면 장님이 켜서 구걸하는 악기인 샤미센三味線의 수요가 늘어나므로, 샤미센을 만드는 재료인 나무 수요가 늘어나 나무통 장사가 돈을 번다는 뜻이다—역주.

르 드뤼몽의 『유대적 프랑스』는 다음과 같은 당돌한 단정으로부터 시작한다.

"프랑스 혁명의 유일한 수혜자는 유대인이다. 모든 것은 유대인을 기원으로 하고 있다. 따라서 모든 것은 유대인에게 귀속한다 tout vient du Juif; tout revient au Juif. 이는 한 추악한 소집단에 의한 다수의 예속화이다. (……)

그들의 수법은 다종다양하지만 노리는 바는 하나, 바로 정복이다. 정복은 요컨대 일국의 국민 전체가 어떤 이방인을 위해 노동하고, 거대하고 수상한 재정적 착취 시스템에 의해 사람들의 노동 성과가 착취된다는 의미이다."3)

드뤼몽은 '나무통 장수가 바람으로 인한 최대의 수혜자인 이상, 나무통 장수가 바람을 일으켰다고 생각해야 한다'는 추론으로부터 1천 2백 페이지나 되는 그 대저를 쓰기 시작했다. 첫 페이지의 첫 줄부터 이미 논리적으로 망가져 있으므로 그 사상의 옳고 그름에 관해 논하는 것은 완전한 시간 낭비이나, 그럼에도 이 저작이 (다수의 지식인을 포함해) 프랑스인 독자에게 환영받은 이상, 거기에는 사람들을 끌어당기는 '무언가'가 있다고 생각해야 한다. 나는 드뤼몽의 지성이 범한 실패를 논의하는 데는 흥미가 없으나, 드뤼몽이 사람들을 끌어당긴 것에 관해서는 대단한 흥미가 있다.

---

3) Édouard Drumont, *La France juive*, C. Marpon & E. Flammarion. 1886, t. I, p.vi.

에두아르 드뤼몽은 굴하지 않는 자기 신념의 저널리스트로서, 처음엔 「자유La Liberté」[4]지를 통해 제3공화정 부르주아 정치가들을 향해 가차 없는 필주를 가했다. 그리고 정치가들이 일으키는 사건들이 너무나 악덕하고, 사업가들의 방식이 너무나도 부도덕하여(사실 제3공화정 시기는 파나마 사건을 비롯해 의옥疑獄[5] 사건이 다발했던, 프랑스 역사에서도 좀처럼 보기 드문 '모럴 해저드의 시대'였다), 이는 개인 수준의 문제가 아니라 시스템 자체가 부패를 만들어 내는 구조라고 추론하기에 이르렀다(이 추론은 틀리지 않았다). 그리고 그 구조적 파국의 다양한 형태(부르주아의 부패, 왕당파의 나약함, 군인의 해이, 노동 계급의 미성숙) 전부는 단일 책임자에 의한 음모 탓이라고 생각했다(이 추론은 틀렸다).

드뤼몽은 그 '단일 책임자'를 찾아내야 했으므로, 여러 출판물을 읽고, 거리의 소문을 수집하기 시작했다. 그가 조사한 데이터 속에는 필시 바뤼엘의 책이나 선구적인 반유대주의자인 알퐁스 투스넬Alphonse Toussenel(1803~1885)[6]의 『유대인, 시대의 왕Les Juifs, Rois de l'Époque』(1845)이나 앙리 로제 구주노 데 무소Henry-Roger Gougenot des Mousseaux(1805~1876)[7]의 『유대인, 유대교 및 기독교

---

[4] 1865년 창간된 프랑스 왕당파의 대변지―역주.
[5] 죄상이 뚜렷하지 않아 죄의 유무를 판명하기 어려운 범죄 사건―역주.
[6] 공상적 사회주의자인 샤를 푸리에Charles Fourier(1772~1837)의 제자. 영국 혐오자이자 반유대주의자―역주.
[7] 가톨릭 교황권의 절대적 신봉자로서, 선구적인 반유대주의 문필가라 여겨진다―역주.

국민의 유대화Le Juif, le Judaïsme et la Judaïsation des Peuples Chrétiens』(1869) 등의 서적들이 포함되어 있었을 것으로 생각된다. 그 선구적 연구들을 읽은 뒤 드뤼몽은 "사회가 부패·추락하는 것은 그로부터 수혜를 받는 단일 장본인의 음모 때문이다"라는 거친 음모사관에다 근대적인 요소를 하나 더 덧붙였다(그로 인해 그의 저서는 막대한 페이지를 필요로 하게 되었다). 이는 특정한 수혜자가 몇 가지 사례를 통해 반복하여 등장할 경우, 그 수혜자가 모든 사건에서 수익을 얻는다고 추론할 수 있다는 것이다.

이것이 근대 반유대주의의 과학성을 보증하는 귀납 추론이다.

귀납적 추론이란 몇 가지의 단칭 언명("P1은 Q이다", "P2는 Q이다", "P3는 Q이다"……)을 열거한 후(그 리스트는 끝이 없으므로, 실제로는 '열거하기에 질렸을 때'), "모든 P는 Q이다"라고 전칭 언명을 이끌어 내는 추론 형식을 가리킨다.

귀납법의 장점은, 일단 가설을 세운 후에는 그 가설에 합치하는 사례만을 선택적으로 취합하면 되기 때문에 지적 부하가 덜 걸린다는 것이다. 귀납법의 결점은, 일단 가설을 세우고 나면 관찰자는 그 가설에 합치하지 않는 사례로부터 무의식적으로 시선을 거둘 수 있다는 것이다. 찰스 다윈Charles Darwin(1809~1882)은 자신의 이론에 합치하지 않는 사례를 반드시 노트에 기록해 둔다는 원칙을 스스로에게 부여했는데, 자신의 가설에 합치하지 않는 사례는 그 정도의 천재적인 기억력을 가진 사람이라도 오랫동안 남겨 둘 수 없다는 점을 알고 있었기 때문이다.

귀납법적 추론의 최대 결점은 설령 과거의 모든 사례에 들어맞는 법칙이 있다고 하더라도, 그 법칙이 미래의 사례에도 들어맞는지를 이야기할 자격은 없다는 점이다. 철학자 데이비드 흄David Hume(1711~1776)은 "어제까지 매일 태양이 동쪽에서 떴다는 사실이 내일도 태양이 동쪽에서 뜨리라는 예측의 근거가 되지는 않는다"고 말한 것으로 알려져 있다. 분명 흄이 말한 대로 오늘 밤 혜성이 지구에 충돌하여 지구가 산산조각 날 경우 태양은 내일 동쪽에서 뜨지 않는다. 태양이 그 수명을 마쳐 최후의 빛을 발하다 꺼지면, 내일 태양은 동쪽에서 뜨지 않는다(그때엔 '내일'이라는 개념 자체가 성립하지 않게 된다). "내가 오늘까지 살아왔다"라는 사실에 기초하여 "나는 내일도 살아 있으리라는 개연성이 높다"고 말할 수는 있지만, "나는 내일도 살아 있을 것이다"라고 결론 내릴 수는 없다.

귀납법적 추론의 치명적인 결점은 '미지의 팩터가 관여한다는 점'이나 '기존 팩터 속에 있는 미지의 운동'을 상정하지 않는다는 점에 있다. 그리고 실제로 우리 사회에서 일어나는 현상의 거의 대부분은(주식 시장에서 나타나는 투자자들의 움직임부터 시험장에서 행하는 수험생의 대학 선택까지) 사소한 입력의 차이가 거대한 출력의 차이를 초래하는 '복잡계complex system'이기 때문에, 귀납법적 추론은 그러한 현상 설명에 그다지 도움이 되지 않는다.

그러나 귀납법적인 추리는 19세기적 패러다임 내부에서는 합리적인 것으로 간주되었다는 사실을 잊어서는 안 된다. 그 시대에 가장 합리적으로 사색했다고 알려진 어느 정치 사상가는 다음과 같은 강령적인 문장을 힘 있게 기록하고 있다.

"지금까지의 모든 사회의 역사는 계급 투쟁의 역사이다.

자유민과 노예, 도시 귀족과 평민, 영주와 농노, 길드의 장인과 직인, 요컨대 압제자와 피압제자는 항상 서로 대립하여, 때로는 암암리에, 때로는 공공연히 부단한 투쟁을 치러 왔다. 그 투쟁은 언제나 전 사회의 혁명적 개조로 끝나든지, 그렇지 않을 때에는 서로 투쟁하는 계급들의 동반 몰락으로 끝났다."8)

마르크스와 엥겔스는 여기서 계급 투쟁의 개별적 사례 네 가지를 열거한 후, 즉각 "요컨대"라는 단어를 하나 끼워 넣음으로써 전칭 언명 "모든 사회의 역사는 계급 투쟁의 역사이다"에 도달했다.

물론 이 추론은 틀렸다.

유럽의 역사상 네 가지 계급 투쟁이 존재했다는 사실로부터 "모든 사회"에 계급 투쟁이 존재한다는 사실을 논리적으로 이끌어 낼 수는 없다. 계급 투쟁을 경험하지 않고도 사회적 변동을 경험한 사회가 어디엔가 존재할 가능성은 유럽에 네 가지 계급 투쟁이 존재했다는 사실에 의해 배제되지 않는다. 실제로 그로부터 1백 년 후에 클로드 레비스트로스는 '계급 투쟁'도 '역사'도 가지지 않은 채 신석기 시대 이래 동일한 방식으로 살아온 사회 집단이 지구상

---

8) 칼 마르크스, 프리드리히 엥겔스, 『공산당 선언』, 오오우치 효에大內兵衛 외 역, 이와나미 문고, 1951년, 38~39쪽.

에 여럿 존재한다는 사실을 증명해 보였다.

마르크스와 엥겔스는 "모든 사회의 역사는"이라고 첫 줄을 썼을 때 "역사를 가지지 않은 사회"가 존재할 가능성을 음미하지 않았다. 이는 인류학적인 지식이 결여되어서라기보다는, 단칭 언명을 아무리 총망라한 듯 보이더라도 전칭 언명으로 이끌어 갈 수 없다는 논리학이 그 시대에는 (마르크스 정도의 지성인에게조차도) '상식'으로 통용되지 않았기 때문이다.

드뤼몽은 다양한 서적, 신문, 거리의 소문을 섭렵하여 "유대인이 추문에 연루된 사건"을 주워 모았다(이미 사회주의자인 투스넬이 『유대인, 시대의 왕』에서 이 수법의 모범을 보였다). 그러자 분명히 유대인이 관련된 독직瀆職[9] 사건이나 스캔들이 점점 드러났다. 드뤼몽은 "많은 추문에 유대인이 관여되어 있다"는 단칭 언명으로부터 "모든 추문에 유대인이 관여해 있다"는 전칭 언명을 망설임 없이 도출했다. 그리고 그 시대에는 이 불충분한 논증 절차를 공격해 드뤼몽을 논파하고자 한 사람은 없었다.

드뤼몽의 반유대주의를 지적할 때 잊어서는 안 될 것 중 하나는 (바뤼엘 신부의 경우와 마찬가지로) 그가 유대인 장본인설을 채용한 때는 상당한 시간이 흐른 나중이었다는 사실이다.

"드뤼몽은 자신의 주저 출판 이전에는 반유대주의적인 단어를 한 번도 입에 담은 적이 없었다"고 드뤼몽의 친한 친구였던 레옹

---

[9] 직위나 직책을 이용해 뇌물을 주고받는 등의 부정행위―역주.

도데Léon Daudet(1867~1942)가 증언하고 있다.10)

우선 '음모사관'이라는 도식이 있고, 다음으로 그 조건에 맞을 법한 '범인'이 가설적으로 지명되고, 그 후에 '범인'이라는 본래의 사실이 '발견'된다는, (통상의 추리 소설과는) 순서가 뒤바뀐 방식으로 근대 반유대주의는 이론화되었다.

무척이나 이상하게도 드뤼몽의 책이 나온 후 "당신 책 덕분에 모든 것을 알게 되었습니다. 고맙습니다!"라는 감사의 편지가 출판사에 쇄도했다. 드뤼몽은 그 편지들만 모아 같은 해에 책 한 권을 완성했다. 바로 『여론 앞에 선 '유대적 프랑스'La "France Juive" devant l'Opinion』(1886)라는 책이다. 그러나 잘 생각해 보면, '감사 편지'가 쇄도했다는 것은 상당히 기묘한 이야기이다. 왜냐하면 "범인을 지명해 주어 감사합니다"라는 말은 그때까지 범인이 누구인지 몰랐던 사람만이 할 수 있는 이야기이기 때문이다. 즉 드뤼몽이 밝혀내기 전까지 그 사실은 프랑스 국민에게는 주지되지 않았다는 말이다. 하지만 세상이 모두 주지하는 '범죄'가 벌어지고, 세상이 모두 주지하는 '범인'이 그 장소에 있었는데, 어째서 그때까지 아무도 그 사실을 깨닫지 못한 것일까?

드뤼몽은 이 곤란한 의문을 손쉽게 해결한다. 유대인이 프랑스를 지배한다는 사실을 지금까지 프랑스인이 깨닫지 못한 채 살아온 까닭은 무엇일까? 드뤼몽 자신조차 40세가 될 때까지 이를 깨

---

10) Léon Daudet, *Souvenirs politiques*, Albatros, 1974, p.17.

닫지 못했던 이유는 무엇일까?

그것은 "프랑스의 모든 신문, 모든 출판 기관이 유대인의 손에 있거나, 간접적으로 유대인에게 의존하고 있기" 때문이었다.[11]

드뤼몽이 일했던 「자유」지부터가 이자크 페레르Isaac Pereire (1806~1880)[12]라는 유대인이 운영하는 신문사였다. 즉 드뤼몽 자신부터 "유대인의 손안에 있는" 미디어에 농락당했고, 프랑스인이 "유대인의 손안에 있다"는 사실을 조직적으로 간과하도록 만드는 여론 조작에 가담해 왔다는 것이다!

그 정도로 '범죄 사실'이 구조적으로 은폐되었다면, 세상 사람들이 이를 깨닫지 못했다는 말도 어느 정도 수긍이 갈 만하다.

"나도 속아 넘어갔을 정도니, 여러분이 속은 것도 당연하다"는 논거로 유대인 음모의 철저성을 증명하려는, 유도의 '누워메치기'[13] 식 논증은 상당히 위험하다(자신의 우둔함을 논거로 삼아 자신의 통찰력을 증명하는 까닭에). 그러나 일단 그 논리가 통하게 되면 이야기는 매우 간단해진다. 왜냐하면 어떤 사람을 범인으로 지명할 증거가 전혀 없을 경우, '그 인물을 범인으로 삼을 증거

---

11) Drumont, 앞의 책, p.15.
12) 형인 에밀 페레르Émile Pereire(1800~1875)와 함께 페레르 형제로 알려진 프랑스의 유대계 은행 자본가. 포르투갈의 세파르딤 유대계인 페레르 형제는 아슈케나짐인 독일의 로스차일드가와 라이벌을 형성하였다. 이자크 페레르는 당시 「자유」지의 상당 지분을 소유하고 있었다―역주.
13) 상대방을 끌어당기며 바닥에 드러누우면서 발로 상대를 내던지는 기술. 큰 기술이므로 그만큼 위험 부담이 높다―역주.

를 찾을 수 없다'는 사실 자체가 그 범인이 '증거를 조직적으로 은 폐할 수 있을 정도로 가공할 권력을 소유하고 있다'는 확고한 증거가 되기 때문이다. 즉 어떤 인간이 어떤 모습을 하고 있더라도 모든 것은 유죄성의 징후로 해석될 수 있다는 말이다. 드뤼몽이 채용한 것은 바로 이 '전천후형' 논리였다.

'유대인이 범인이다'라는 판정이 내려지고, 범죄 의도의 입증(그렇게 부를 수 있다면)도 끝났다. 남은 일은 이제 '사건'을 찾아내는 것뿐이다.

프랑스의 사회 시스템이 제대로 기능하지 않는 이유는 모두 유대인의 책임이라고 정해졌으므로 나머지 일은 간단하다. 드뤼몽은 상하 2권으로 된 1천 2백 페이지짜리 책을 썼지만, 5천 페이지든 1만 페이지든 쓸 수 있었다. 어떤 사회가 '제대로 기능하지 않는 사례'를 찾는다면, 그 수는 무한하기 때문이다. 드뤼몽이 마지못해 펜을 내려놓은 까닭은 그 이상의 두꺼운 책을 낼 경제적 여유가 없었기 때문이다(판매 부진을 예상한 출판사는 초판의 출판 비용 일부를 자비 부담하도록 그에게 요구했다).

그럼에도 이 기상천외한 책은 출판 후 1년간 140판, 1941년까지 201판을 거듭해, 19세기 프랑스 최대의 베스트셀러가 되었다.

우리는 이런 질문을 던져야 한다. 어째서 이런 책이 팔렸을까? 어째서 문명의 꽃이 핀 19세기 말 프랑스에 이러한 황당무계한 사회 이론이 뿌리내릴 수 있었을까?

그 이유를 설명할 수 없다면, 근대 반유대주의에 관해 우리는 전혀 모르는 것이 된다.

『유대적 프랑스』가 폭발적인 판매고를 기록한 시기는 앞서 다룬 『시온 의정서』가 유포된 시기와 거의 겹친다. 따라서 이 시기 유럽에 이런 유의 '이야기'에 대한 대중적인 수요가 존재하고 있었다는 생각은 그릇되지 않다.

그렇다면 19세기 말 유럽 사람들은 대체 어떠한 '이야기'를 요구했던 것일까?

3. 『유대적 프랑스』의 신화

『유대적 프랑스』는 대저이지만, 그 내용은 간단히 요약할 수 있다. 위에서 서술한 대로 거의가 주간지적 스캔들의 열거로서, 분석을 위한 이론적 기술에는 극히 일부 페이지만을 할애하고 있기 때문이다.

『유대적 프랑스』는 크게 세 개의 주제로 나눌 수 있다.

제1의 주제는 전통적인 반유대주의적 미신과 망언류이다. 유대인은 페스트에 걸리지 않으며, 가톨릭 신자의 7배에 달하는 생식 능력이 있으며, 『탈무드』에는 "이교도를 죽이고 그 재산을 빼앗으라"는 가르침이 적혀 있고, 유대인이 풍기는 체취는 지독하며, 자기 자식을 주저 없이 팔아 치우고, 매춘과 고리대금업만이 천직이며, 흉계만 생각하므로 뇌의 해부학적 구성이 이상하다는 등등의 인종 차별적 망언이다.

물론 이런 망언들은 드뤼몽이 최초로 생각해 낸 것은 아니고,

선행하는 민간전승을 그대로 가져온 것이다. 그러나 이런 이야기들을 아무리 모은다 한들, 그것만으로는 '세기의 베스트셀러'가 될 수 없다. 훨씬 중요한 다른 요소가 필요하다.

제2의 주제는 '아리아인 대 셈인'의 인종 대립이 세계사의 원동력이라는 '인종 간 전쟁사관'이다(이는 기이하게도 『공산당 선언』의 도식과 그 궤가 일치한다). 드뤼몽은 이렇게 쓰고 있다.

"셈인과 아리아인은 확실하게 나누어진, 결정적으로 상호 적대하는 인종이 인격화된 것으로서, 이 양자의 대립은 과거 세계를 가득 채웠으며, 앞으로도 세계를 더욱 어지럽힐 것이다."14)

아리아인은 "백인의 우성종, 이란 고원에서 발한 인도-유럽어족"이며, "유럽의 모든 국민은 아리아족과 가장 긴밀한 고리로 결부되어 있고, 그로부터 모든 위대한 문명이 태어났다."15)

한편 셈인은 "근본은 메소포타미아 평원에서 출현했다고 여겨지는 잡다한 민족, 아람어족, 히브리어족, 아라비아어족"16)이다.

흥미로운 사실은 드뤼몽이 아리아 인종을 예상과는 달리 혈액순환이 좋지 않고, 유아적인 두뇌를 가진 "선량한 거인un géant bon enfant"으로 그려 낸다는 점이다.

아리아인은 "열정적이고, 영웅적이며, 기사도적으로서, 사리에 어두우며, 솔직하고, 생각이 짧다고 말해도 좋을 정도로 뭔가

---

14) Drumont, 앞의 책, p.5.
15) 같은 책, p.6.
16) 같은 책, p.12.

를 쉽게 믿으며", 언제나 꿈을 꾸므로 영웅 전설이나 기사 이야기 같은 판타지 안에서 선잠을 자고 있다. 그들의 천직은 "농부, 시인, 수도사, 특히 병사"17)이다. 아리아인에게는 현실 감각이 부족하므로 "아리아인에게서 지갑을 갈취하는 것처럼 쉬운 일은 없다."18)

한편 셈인은 "본능적인 상인으로서, 거래야말로 그들의 천직이며, 물건을 맞바꾸는 데 그리고 동료를 속이는 데 천재이다."19) 그들은 무엇 하나 자신의 손으로 만들어 내지 못하고, 다른 사람이 만들어 낸 물건을 옆에서 수탈하는 짓밖에 못한다. 하지만 아리아인은 착취의 의미를 잘 모르기 때문에(그다지 머리가 좋지 않으므로) 그대로 방관한다. 결국 상황을 이해하고 분노가 일어 "검을 쥐어 자신들을 착취하고 약탈하고 속인 셈인에게 가공할 벌을 내리게" 된다. 셈인은 허둥지둥 도망쳐 "안개 속으로 사라지고, 굴속에 숨어 지내면서 수세기를 미리 내다보며 새로운 음모를 궁리한다"20)는 것이다.

양자의 대립은 멀리는 트로이 전쟁까지 거슬러 올라간다. 언제나 그렇듯이 먼저 셈인이 전쟁을 도발하고, 결국엔 패배한다(한니발Hannibal(기원전 248~183)도 살라딘Saladin(1138~1193)21)도 셈인 측

---

17) 같은 책, p.9.
18) 같은 책, p.11.
19) 같은 책, p.9.
20) 같은 책, p.12.

의 '전쟁 도발자'였다). 군사적 대결로는 아리아인을 당해 낼 수 없음을 잘 알고 있는 셈인은 다음에는 유대인으로 하여금 '아리아인을 농노화하는' 계획을 기획한다. 합법적으로 사회에 잠입해 들어와 지배 계급으로 부상하여 문화적 자원을 독점하고, 아리아인의 문명을 파괴해 버린다.

"본래의 주민을 그 집에서 교묘히 몰아내고, 일자리를 빼앗고, 온건한 수단을 써서 그들의 재산을 뿌리째 강탈하고, 마침내 그들의 전통, 습속, 마지막으로 종교까지 빼앗아 간다."[22]

드뤼몽은 프랑스 역사 전체를 셈-유대인에 의한 아리아-프랑스인의 박해와 노예화의 역사로 재해석해 보인다. 프랑스는 14세기 말에 유대인 추방령을 내려 잠깐 동안 평안을 얻었다. 다만 그 시간은 길게 지속되지 않았다.

"이 전염병을 배제함으로써 프랑스는 믿기 어려울 정도로 급속한 번영에 이르렀다. 타인의 노동에 기생하는 유대인이 사라지면, 모든 국민이 부유해진다고까지는 말하지 못하지만 당연히 행복해진다. 1394년 이래 유대인 추방 기간 동안 프랑스는 끊임없이 성장했고, 1789년 프랑스가 유대인을 다시 불러들임과 동시에 계속되는 퇴폐가 시작되었다."[23]

---

21) 쿠르드족 출신의 술탄으로 제3차 십자군 전쟁(1189~1192)에서 예루살렘을 탈환했다―역주.
22) 앞의 책, pp.8~9.
23) 같은 책, p.186.

그리고 제3의 주제가 이러한 '말세'로서의 역사 인식 앞에 등장한다.

근대주의 비판이다.

포스트 혁명기는 프랑스가 맞이한 산업화 · 도시화 · 근대화의 시대이다. 화폐 경제의 활성화로 인한 급격한 사회적 변화는 혁명에 의한 유대인 해방과 그들의 경제 활동 진출과 동시적으로 진행되었다. 이 변화를 드뤼몽은 "노동으로 정직하게 형성된 선한 부"로부터 "투기에 의해 사기적으로 형성된 악한 부"로의 이동으로 이해한다. 그리고 1830년 7월 왕정의 루이 필리프Louis Philippe(1773~1850)[24]와 더불어 "강철의 세기가 끝나고 화폐의 세기가 시작된다."[25]

"지금까지 우리 국민은 조국의 영광과 군의 깃발을 위해 싸워 왔다. 앞으로는 오직 이스라엘 백성이 부유해지도록, 이스라엘 백성의 허가를 얻어, 이스라엘 백성을 만족시키기 위해서만 싸우게 될 것이다."[26]

파리 코뮌Commune de Paris[27]의 소요는 코뮌파 내부의 유대인과

---

[24] 나폴레옹 퇴위 후 1814년 빈 회의로 성립된 왕정복고에 반대하는 1830년의 7월 혁명과 함께 왕위에 올랐으나, 1848년 공화정을 요구하는 2월 혁명이 일어나자 영국으로 망명하였다—역주.

[25] 앞의 책, p.328.

[26] 같은 책, p.324.

[27] 1871년 3월 28일부터 5월 28일까지 파리의 노동자 · 시민이 봉기하여 수립한 자치 정부. 1870년 비스마르크가 이끄는 프로이센과의 전투에서 나폴레옹

베르사유 정부군 내의 유대인의 공모에 의한 것이며, 제3공화정[28]은 완벽하게 유대화된 부르주아 정체이며, 금권주의적 프랑스에서는 "모든 것이 증권 거래소에서 나와 증권 거래소로 되돌아간다. 모든 행위는 투기로 환원된다."

드뤼몽의 이 근대 사회 비판은 (나쁜 것은 모두 다 '유대인의 음모'라고 설명하는 부분을 제외하면) 오늘날 일본의 매스미디어가 내보내는 사회 비판 기사의 도식과 많이 닮아 있다('거의 똑같다'고 말해도 될 정도이다). 그런 까닭으로 무엇보다도 부르주아적인 배금주의, 졸부 취미, 출세주의, 파리 만국 박람회(1855)로 상징되는 과학 기술 만능주의, 경박한 도시 문명 등이 거론되었고, 드뤼몽은 이에 대해 본능적인 혐오와 공포를 보였다. 반대로 드뤼몽이 마음 가득 애착을 보였던 대상은 "젊은이와 노인이 교회에서 함께 기도하면서 서로를 알게 되고, 무수한 전통적 끈으로 서로 관계를 맺고, 서로를 지지하고, 서로를 사랑하는 사회"[29]이다. 초목이 가

3세가 항복하고, 이후 '국방 정부'가 들어서지만 불리한 전황상 다음 해인 1871년 1월에 강화 협정이 체결된다. 이후 2월에 총 선거를 통해 '국민의회'가 성립하며 앞서 체결했던 강화 협정에 조인한다. 파리 시민들은 이에 불복하여 전투의 지속을 주장하면서 노동자 정부를 구성하려 했으나, 결국엔 프로이센과 결탁한 정부군에 의해 진압되었다―역주.

28) 나폴레옹 3세가 프로이센에 항복한 1870년부터 제2차 세계대전 시 독일의 침공에 이어 나치의 괴뢰 정권인 비시Vichy 정부가 수립되는 1940년까지 지속된 공화정―역주.

29) 앞의 책, p.291.

득한 전원, 대지에 뿌리내린 농부의 생활, 모두가 서로에게 자애를 보이는 촌락 공동체, 교회를 중심으로 한 경건한 가톨릭 신앙, '노블레스 오블리주Noblesse oblige'의 미덕을 체현하는 왕후 귀족과 사제, 애국심으로 가득한 용맹한 병사 등으로 표상되는 옛날의 좋았던, 그러나 이제는 잃어버린 프랑스.

이러한 반근대주의 로맨티시즘은 드뤼몽 이전의 반유대주의적 문헌에서는 찾아볼 수 없다(드뤼몽이 '표절'했다고 여겨지는 투스넬의 저작에서도 이러한 회고 취미는 전혀 찾아볼 수 없다).

산업 혁명기 이후 프랑스가 어마어마한 기세로 근대화를 수행해 가던 와중에서, 드뤼몽은 역사의 흐름에 역행하고자 하는 이야기를 뽑아 내보였다. 『유대적 프랑스』가 대량 판매된 가장 큰 이유는 바로 독자의 심금을 울리는 이 회고 취미였다. 내 생각은 그렇다.

거기에 복류하고 있는 감정은 변화와 진보에 대한 공포이다. 기묘하게 들릴 수 있다는 점을 인정하고 말해 보면, 이는 미래의 미래성에 대한 공포이다. 중세와 그다지 다름없이 생활하던 사람들이 불과 한두 세대 사이에 현대와 그대로 연결되는 근대 사회에 내던져졌다. 그때의 불안감과 곤혹감이 어떠했는지, 그 실제의 느낌은 현재의 우리들이 상상을 통해서나마 간접 체험하기에도 상당히 곤란하다.

미래의 미래성에 대한 그러한 본능적인 두려움 속에서 프랑스 대중의 눈에 유대계 시민이 '변화의 상징'처럼 비쳤을 개연성은 높다. 왜냐하면 전기, 가스, 철도, 자동차, 신문 등 대체적으로 프랑스의 전근대적인 생활 방식을 파괴하는 모든 사업들에 유대인이 관계되어 있었고, 독직 사건을 일으키는 정치가나 괴상한 정치 상인 등 극단적인 사회적 변화가 있는 곳에는 반드시 유대인의 그림자가 출몰했기 때문이다.

이유는 단순하다. 중세적인 길드의 사고방식이 남아 있는 업계는 모두 유대인을 조직적으로 배제했기 때문이다. 본래 유대인에게 농지가 주어지지 않았던 이상, 기존 업종으로부터 따돌림을 당한 유대인들에게는 유통, 금융, 운송, 통신, 매스미디어, 흥행이라는 신흥 업계나 틈새시장으로 쏟아져 들어가는 것 외에 다른 선택의 여지가 없었다. 유대인이 새로운 산업을 일으켰다고 말하기보다는, 새로운 산업을 일으켜서 수요가 없는 곳에서 수요를 창출하는 것 외에 유대인에게는 다른 생계의 길이 없었던 것이다.

드뤼몽이 두려워하고 혐오한 것은 유대인이 아니라, 근대화 및 도시화의 추세 그 자체였다. 적은 가시적·구체적인 인간이어야 한다. "모르는 사람 하나 없는 침해"의 실행자이며, "그로부터의 해방이 곧 일반적 자기 해방으로 간주되는" 사악한 사람들이어야 하고, 프랑스 혁명 이후의 사회 변화로부터 수익을 얻는 인간이어야 한다. 그리고 그러한 모든 조건을 만족시킬 수 있는 사회 집단은 19세기 말에는 오직 하나밖에 존재하지 않았다.

모르는 사람 하나 없는 침해의 실행자가 지정되면, 다음으로는 누가 그 사악한 존재에 철퇴를 가하는 역할을 맡을 것인지 지명해야 한다. 드뤼몽은 이 '구세주' 지명에서 천재성을 발휘한다.

마르크스는 혁명의 주체로서 프롤레타리아라는 오직 한 계급만을 지명했다. 그런데 드뤼몽은 2개의 사회 계급을 혁명의 주체로 지명다. '유대화'로부터 프랑스를 구할 혁명 주체로서 두 종류의 사회 집단을 지명한 바로 그때, 이후에 '파시즘'이라고 불리게 되는 정치사상의 원형이 배태되었다.

드뤼몽은 이렇게 썼다.

"만약 피억압자들이 상호 이해에 도달하여 자신들의 공동의 적인 유대인에게 저항한다면 어떠할까? 누가 현 체제로부터 가장 가혹하게 억압받고 있는가? 혁명적 노동자와 기독교 보수주의자이다. 한쪽은 생사가 걸린 이해관계에서, 다른 한쪽은 소중한 신앙에서 상처받고 있다."[30]

마르크스와 똑같이 드뤼몽 또한 프롤레타리아야말로 혁명의 주체여야 한다고 주장한다. 그 존엄성과 자원을 남김없이 수탈당하여 "자신의 노동력밖에는 팔 것이 없는" 노동자야말로 앞으로 도래할 혁명의 주체여야 한다.

하지만 그들만으로는 이 대사업이 달성될 수 없다. 너무도 가혹한 수탈로 인해 프롤레타리아는 지적·인간적 자원을 송두리째 빼앗긴 까닭이다. 그들에게는 정보, 조직, 인맥, 자금 등 일반적으로 혁명적 활동을 달성하는 데 필요한 사회적 자원이 결정적으로 부

---

30) 같은 책, pp.517~518.

족하다. 따라서 프롤레타리아에게만 그 역사적 사명을 위탁한다면, 혁명은 결코 성취되지 않는다.

노동자에게는 '원군'이 필요하다. 노동자만의 혁명이라는 꿈은 "너무나 지나치게 철학적, 문학적이다."[31] 드뤼몽은 그렇게 썼다.

적은 단독 계급인 프롤레타리아보다 원리적으로 강하다. 왜냐하면 유대인에게는 계급 대립이 없기 때문이다. 유대인들은 계급을 넘어 통합되어 있다.

"하층 유대인들은 상층 유대인들에게 지원받고, 상층 유대인들은 그 대가로 혁명에 대한 안전을 보장받고 있다."[32]

유대인들의 오컬트적인 권력은 바로 이 계급을 넘어선 연대에 기초한다. 그렇다면 이에 대항하고자 하는 자들 또한 계급을 넘어 연대하지 않으면 안 된다. 지금이야말로 "기독교의 왕후, 강고하고 관대한 이상을 가진 지도자"[33]가 곤경에 빠진 프롤레타리아의 원군으로 도래해야 할 때이다.

유감스럽지만, 그 임무에 적합한 "충분히 용맹한 인물은 귀족 중에는 지금까지 한 사람도 없었다." 그러나 언젠가 구세주는 분명히 도래할 것이다. 도래하지 않으면 안 된다.

"머지않아 우리 국민 중에서 프롤레타리아의 난국을 평화적으로 해결하는 임무에 자신의 이름을 남기고자 하는 빛나는 야심가

---

31) 같은 책, p.518.
32) 같은 책, p.525.
33) 같은 책, p.520.

가 등장하리라. (……) 조국의 부흥을 위해 몸과 마음을 바치는 용감한 한 사람의 군인이 틀림없이 어딘가에 존재한다."34)

드뤼몽은 '아리아인 대 셈인'이라는 고전적인 인종 대립 도식과 '부르주아 대 프롤레타리아'라는 근대적인 계급 대립 도식을 뒤섞어, 모든 사회 모순을 '반유대주의'라는 오직 하나의 정책으로 설명하는 이 기묘한 서적을 마무리 짓고 있다. 그리하여 마치 드뤼몽의 간원을 하늘이 들어주기라도 한 듯이, 세계 방랑 여행을 마치고 고국에 돌아온 야심 찬 군인이자 귀족이 『유대적 프랑스』의 이 대목을 읽고, 거기에서 자신의 역사적 소명을 지시하는 목소리를 듣게 되었다.

모레스 후작이라는 인물이 바로 그 사람이다.

4. '배드랜즈 카우보이'

드뤼몽의 반유대주의가 정치사상으로서 어떠한 역사적 영향력을 가졌는지, 그 사정거리를 검토하기 위해 우리는 여기서 '세계 최초의 파시즘'으로 정치사 한구석에 이름을 남긴 인상적인 한 인물의 초상을 점묘해 보고자 한다.

모레스 후작Marquis de Morès(1858~1896)이 드뤼몽의 책을 읽은 것은 28세 때였다.

프랑스 왕가와 스페인 귀족의 혈통을 이어받고, 교황 및 이탈리

---

34) 같은 책, p.525.

아 왕으로부터 받은 작위를 계승한 이 청년은 소년 시절부터 뛰어난 신체 능력을 보였고, 예수회 학교에서 초등 교육을 받은 후 생시르 육군사관학교École de Saint-Cyr Coëtquidan[35])에 진학한다(묘하게도 후일 대독 협력 정권인 비시 정부의 수반이 된 필리프 페탱Philippe Pétain(1856~1951)[36]) 원수가 그의 동기였다).

육군에서 제대한 모레스 후작은 1882년 칸에서 뉴욕의 독일계 은행가의 딸 메도라 폰 호프만Medora von Hoffman(1856~1921)과 만나 결혼한다.

아내의 조국인 미국에 건너간 모레스 후작은 노스다코타 주의 '배드랜즈Badlands'에 목축 왕국을 건설하여, 그 수익으로 프랑스 왕당파를 재정적으로 원조한다는 계획을 세웠다. 동부 해안 굴지의 대부호였던 장모 아테나이스 폰 호프만Athenais Grymes von Hoffman(1832~1897)으로부터 경제적 지원을 받은 모레스 후작은 서부 개척 사업에 나섰다. 광대한 토지를 사들이고, 아내의 이름을 따 메도라라는 거리를 건설하여 그곳을 사업의 중심으로 삼아 목축, 식육업, 냉동우육 운송 회사를 설립했으며, 이와 병행하여 철

---

35) 나폴레옹에 의해 1802년에 설립된 군사 학교-역주.
36) 프랑스의 군인, 정치가. 제1차 세계대전 시 연대장에 불과했으나 전략가로 재능을 발휘하여 육군 총사령관 자리까지 초고속 승진했고, 전후에는 원수의 자리에 올랐다. 제2차 세계대전 발발 후에는 독일과의 강화를 주장하는 그룹에 속하여, 주전파인 레노Paul Reynaud(1878~1966) 내각이 무너지자 제3공화국의 수상에 취임했다. 곧이어 독일에 강화를 요청하고 프랑스 남부인 비시로 수도를 이전하여 나치의 괴뢰 정권인 비시 정부의 원수가 되었다-역주.

도, 금융, 창고 사업에도 진출했다.

그러나 처음의 화려한 성공 이후, 그의 사업은 모두 실패한다. 불과 3년 만에 모레스 후작은 파산하고, 장모가 자금 지원 중단을 선언하여 모레스는 모든 사업에서 물러났다.

개인적 원한을 품은 세 명의 불량배들로부터 공격당한 모레스 후작은 한 명을 살해하고 다른 한 명에게는 중상을 입힌 후, 노스다코타의 카우보이들에게 잊기 힘든 인상을 새겨 놓고는 1886년에 신대륙을 뒤로한다. 그해는 드뤼몽의 『유대적 프랑스』가 세기의 베스트셀러가 된 해이다.

미국 체재는 모레스 후작의 마음에 평생 지울 수 없는 두 가지 인상을 남겼다.

하나는 '배드랜즈 카우보이'가 표상하는 모험적·폭력적인 남성 아이콘에 대한 편애이다. 후작은 미국을 떠난 후에도 평생 솜브레로[37]를 쓰고 애용하던 리볼버[38] 권총을 손에서 떼어 놓지 않았다. 모레스 후작의 사후, 모리스 바레스Maurice Barrès(1862~1923)[39]는 그의 죽음을 애도하며 이렇게 썼다.

"자립에 대한 사랑과 위험을 향한 욕망, 그는 이를 열광적으로 추구하여, 결국엔 거기에서 벗어날 수 없었다."[40]

---

37) 멕시코에서 기원한 챙이 넓은 모자—역주.
38) 6연발 회전 탄창 권총—역주.
39) 프랑스의 소설가이자 저널리스트. 내셔널리즘과 반유대주의에 기초한 시각과 발언으로 프랑스 파시즘 사상 형성에 큰 영향을 끼쳤다—역주.

후일 모레스 후작과 깊은 인연을 맺게 되는 드뤼몽 또한 이 젊은 친구를 위한 조사에서 다소 감상적인 어조로 모레스의 미국 모험을 이렇게 평가했다.

"당신은 원시림 옆 반미개의 토지에 모험의 막사를 쳤습니다. 그곳은 힘만이 사나이의 가치를 결정하고, 자기 자신 말고는 기댈 곳이 없는 장소였지요."[41]

모레스의 정치사상을 이해하기 위해서는 이 '사내다움'의 지향을 간과할 수 없다. 파시즘은 사상임과 동시에, 혹은 사상 이전에 일종의 정치 미학이다. 이를 기억해 두자.

무훈을 자랑하는 가계의 후손이자, "기사 이야기의 마지막 독자"였던 모레스 후작은 '기사'임을 자임했다. 그러나 늙어 버린 유럽에 '진정한 기사'는 더 이상 존재하지 않았다. 그가 기사의 환생을 발견한 것은 (반세기 후 레이먼드 챈들러Raymond Chandler(1888~1959)[42]가 로스앤젤레스의 한쪽 구석에서 "천한 거리의 기사"[43]

---

40) Steven S. Schwarzschild, "The Marquis de Morès, The Story of a Failure (1858~1895)", *Jewish Social Studies*, 22-1, 1960, p.9.
41) Édouard Drumont, *La Dernière Bataille*, E. Dentu, 1890, p.vi.
42) 20세기 최고의 하드보일드 범죄 소설 작가—역주.
43) 챈들러의 여러 작품에 등장하는 사립 탐정 필립 말로Philip Marlowe를 말한다. 『기나긴 이별The Long Goodbye』에서 주인공인 그를 "천한 거리의 기사"라고 표현했다. 필립 말로는 지방 검사국의 조사관이었으나 항명으로 면직되어 사립 탐정 사무소를 개업한 인물로 냉소적이며 지적이고, 시와 술을 좋아하고, 약한 자가 불의를 당하면 위험도 아랑곳하지 않고 뛰어들며, 권력과 정치에 관계된 사건을 진중한 자세로 수사하는 캐릭터이다—역주.

를 발견한 것처럼) 개척 시대 말기 미국 서부 황야의 카우보이의 모습에서였다. 야성적이면서 폭력적이고 청렴결백하며 용감하고 의협심으로 넘치는 '배드랜즈 카우보이' 무리들이 나이 들어 썩은 냄새를 풍기는 19세기 말의 유럽 세계에 말발굽 소리를 진동하며 난입한다. 그 환상적 이미지에 모레스 후작은 매달린 것이다.

미국이 모레스 후작에게 남겨 준 또 하나의 인상은 그의 사업을 파멸로 이르게 한 거대 철도 회사와 식육업자에 대한 지울 수 없는 원한이다.

노스다코타에서 모레스 후작이 벌인 식육 사업은 목축에서 운송에 이르는 과정에 중간업자를 넣지 않고 생산자와 소비자를 직접 연결함으로써 쇠고기를 고품질 저가격으로 제공하는 것을 목표로 삼았다. 이는 식육 유통을 지배하고 가격을 조작했던 철도 회사와 식육업자에 대한 야심찬 도전이었다. 모레스 후작은 농민 측에 서서 '악덕 상인'들의 수탈에 대항하여 싸우는 '용감하고 관대한 기사'에 스스로를 비견했다. 사리사욕이 아니라 가난한 농민을 착취로부터 구하기 위해 싸운 결과 단결한 자본가들의 모략에 의해 파산으로 내몰린 불운한 기사로서 자신의 파산의 역사를 총괄했을 때, 모레스는 19세기적인 (다소 비뚤어진) 의미에서의 '사회주의자'가 되어 있었다.

의협심에 넘치는 황야의 카우보이 겸 기사이자 대자본의 착취와 싸우는 정의로운 사회주의자라는 두 종류의 자기 규정을 통해, 모레스 후작은 그 시대에 자기 자신 외에는 누구도 대체할 수 없는 특수한 위치를 손에 얻었다. 그러나 그것이 무엇을 의미하는지를 자각하는 데까지 나아가기 위해서는 아직 몇 가지의 우회가 필요했다.

북아메리카에서 겪은 실패 이후 모레스 후작은 오를레앙 공 Henri d'Orléans(1867~1901)44)과 함께 인도차이나에서 호랑이 사냥 사업을 벌였다. 그리고 그때 발을 들여놓은 아시아의 '황야'가 다시 한 번 그의 야심에 불을 지폈다. 모레스 후작은 인도차이나 반도의 철도 부설 사업을 생각해 낸 것이었다. 친구들에게 자금을 빌리고 식민지 관료들에 대한 사전 작업을 끝내 놓는 등 주도면밀하게 준비했음에도 이 사업 또한 돌연 파국을 맞이하게 되었다. 철도 계획의 파트너였던 식민지 관료들이 본국의 정변으로 일제히 소환되었기 때문이다. 당국의 지원을 잃은 모레스 후작은 뒤늦게 참여한 사업가에게 계획을 도둑맞는다. 모레스 후작이 프랑스 국내의 정국과 관련을 맺게 된 최초의 경험이었다.

모레스의 사업 파트너들을 본국으로 소환한 사람은 인도차이나 총독인 콩스탕Antoine Ernest Constans(1833~1913)45)이라는 인물이었으며, 이러한 인사이동은 다분히 보복적인 성격의 조치였다. 바로

---

44) 프랑스의 탐험가. 아프리카, 중앙아시아, 인도, 인도차이나, 중국 등 당시의 제국주의 식민지 지역을 거의 모두 탐험했으며, 베트남의 사이공에서 사망했다. 미얀마 이라와디 강의 수원을 발견한 것으로 유명하다—역주.
45) 법률학 교수였으나 1876년 하원의원에 당선된 후 정치 경력을 시작했다. 최초의 인도차이나 총독으로 임명되었고, 이후 불랑지스트와 대립했다—역주.

불랑지스트Boulangiste의 숙청이었다.

불랑지스트란 불랑제Georges Ernest Jean-Marie Boulanger(1837~1891)[46] 장군의 카리스마를 촉매로 삼아 제3공화정에 대항하는 세력들(왕당파로부터 좌파까지)을 결집시킨 반체제 운동의 지지자들을 말한다.

독일에 대한 강경 자세로 '복수 장군Général Revanche'이라는 별명을 얻으며 국민적 인기를 모은 불랑제 장군은 하원의원으로 선출되었고, 1889년 장군의 지지자들은 제3공화정의 전복을 획책했다. 그러나 장군이 결단을 주저하는 사이에 쿠데타 기회는 사라지고, 이후 장군은 내무상 콩스탕의 협박에 굴하여 벨기에로 망명, 내연녀의 무덤 앞에서 머리에 총탄을 쏘는 안티-클라이맥스적인 죽음을 맞는다.

불랑제 장군 생전에 인기도가 절정에 이르렀을 당시, 불랑제주의를 억누르기 위해 정부가 등용한 사람이 앞서 나온 콩스탕이다. 인도차이나 식민지 관료의 소환은 콩스탕으로 하여금 불랑지스트들을 조직적으로 분열시키려는 정책적 문맥 안에서 일어났다.[47]

---

46) 파리 코뮌 진압에 참여하면서 본격적인 군인 경력을 시작하였으나, 이후 대독 강경파의 면모로 대중적 인기를 얻었다. 식민지 관리 능력과 군대 개혁 등의 성과로 정계에 진출하였으며, 정권 탈취의 야망을 품고 제3공화정에 대항하여 일어난 불랑제 사건의 주역이다—역주.

47) 불랑제 장군은 튀니지, 알제리를 포함한 북아프리카 식민지와 인도차이나 식민지 관리를 담당했었고, 그가 직접적인 관리에서 손을 뗀 이후에도 그의 인맥들은 여전히 현지에 남아 있었다—역주.

모레스 후작은 불랑지스트 숙청이라는 국내 정국에 부지불식간에 말려들었고, 이로 인해 두 번째의 모험적 사업은 파국을 맞이하게 되었던 것이다. 결과적으로 후작은 불랑지스트에게 심정적인 공감을 보내고, 콩스탕에게는 개인적 원한을 품어 제3공화정에 대한 반감이 격화되었다.

쿠데타 전야가 연상될 만큼 열기로 가득한 파리로 복수의 증오심에 끓어오른 '배드랜즈 카우보이'가 귀국한다. 이윽고 사람들은 그의 등장이 "프랑스의 반유대주의 역사에서 결정적인 사건"[48]임을 알게 된다.

모레스 후작은 1889년 대의원 선거에서 콩스탕의 지지 기반인 툴루즈에 출마한 불랑지스트를 응원하면서 물 쓰듯 돈을 썼다. 그뿐만 아니라 선거 운동에 리볼버를 휴대하여 위협을 가했다는 이유로 체포되기도 했다. '돈'과 '권총'으로 상징되는 모레스 후작 식의 이러한 정치 스타일은 이때 데뷔했다.

이 파격적 활동가의 사나운 명성은 즉시 불랑지스트 진영 전체에 퍼지고, 반체제 운동 각파의 간부들은 '모레스 후작'이라는 이름을 기억에 새겼다.

1889년 4월 불랑제 장군이 벨기에로 망명하자, 본래 오합지졸에 불과했던 불랑지스트들은 하루아침에 퇴조의 기운을 보이기 시작

---

48) Maurice Barrès, "Scènes et Doctrines du nationalisme", *L'œuvres de Maurice Barrès*, t.5, Plon, 1966, p.347.

했다. 그중에서 홀로 기염을 토하던 모레스 후작에게 기대에 찬 사람들의 시선이 저절로 집중되었다. 그 기대에 부응하여 모레스 후작은 믿음직한 응원군을 이 악전의 전장으로 끌어들였다. 에두아르 드뤼몽과 그가 이끄는 반유대주의자들이었다.

5. 기사와 반유대주의자

모레스 후작과 드뤼몽의 만남을 서술하려면 시간을 약간 거슬러 올라갈 필요가 있다.

노스다코타와 인도차이나에서 두 번에 걸쳐 사업에 실패한 모레스 후작은 그 시대의 추론 형식(앞서 '페니-껌 법칙'이라고 부른 것)에 따라 자신이 겪은 불행한 실패의 '단일 원인'을 찾고자 했다. 만약 북미와 인도차이나에서 그의 사업을 실패로 이끈 사람들과 프랑스의 정치적 적대자가 '동일 진영'에 속한다면, 자신의 모든 실패는 논리적으로 설명할 수 있게 된다. 드뤼몽의 『유대적 프랑스』는 바로 모레스 후작이 굴뚝같이 원했던 '전부를 설명하는 이야기'를 제공해 주었다.

"모레스는 1886년에 모든 불운의 원인을 『유대적 프랑스』에서 발견했다. 유대인의 마수가 그의 불운을 준비한 것이다."[49]

드뤼몽의 책은 모레스로 하여금 미국에서 맞은 파산이 '유대인 식육업자와 금융업자'에 의해 계략되었고, 통킹에서 꾼 철도 부설

---

49) Michel Winock, *Edouard Drumont et Cie*, Seuil, 1982, p.59.

의 꿈은 '유대인 기술자'에게 도둑맞았으며, 툴루즈에서 당한 선거 패배는 '유대인 지사'의 개입으로 이루어진 것이라고 믿게끔 만들었다.50) 모레스 후작은 책을 일독한 후, 드뤼몽의 반유대주의 안에서 자신의 모든 개인적 불행을 설명하는 '통일 이론'을 발견했던 것이다.

우리가 앞서 인용한 "조국의 재흥을 위해 몸과 마음을 바칠, 용감한 한 사람의 군인이 어디엔가 분명히 있을지 모른다"라는 드뤼몽의 예언을 모레스 후작이 얼마나 감동하며 읽었을지는 상상하기 힘들지 않다. 불랑제 장군이 사망한 후, 그 예언이 지명하는 '기독교 귀족'은 자신 외에는 있을 수 없었다. 필시 후작은 드뤼몽의 책에서 '천명'의 목소리를 들었을 것이다.

'불랑제 장군이 빠진 불랑제주의'의 젊은 간부가 된 모레스 후작의 가장 중요한 임무는 불랑제주의와 반유대주의를 매개하는 것이었다. 드뤼몽은 그때까지 이 반체제 운동에 거리를 두고 있었다. 그 이유는 불랑제 장군의 측근으로 알프레드 나케Alfred Naquet(1834~1916)51), 모리스 드 이르슈Maurice de Hirsch(1831~1896)52), 코르넬리우스 헤르츠Cornélius Herz(1845~1898)53)라는 유대계 정치 상

---

50) Robert F. Byrnes, "Morès, the first national socialist", *The Review of Politics*, 1950, July, p.342.
51) 유대계 화학자이자 정치가—역주.
52) 유대계 사업가이자 독지가—역주.
53) 유대계 의사이자 전기 기술자, 사업가—역주.

인들이 존재했기 때문이었다. 그러나 장군 사후에 장군의 카리스마를 대신할 새로운 대중 운동의 팩터를 찾던 불랑지스트에게 '세기의 베스트셀러'를 내놓고 좌우 양익에 걸쳐 국민적 인기를 모으고 있던 드뤼몽이라는 원군은 매력적으로 보였다.

양쪽 최초의 (그리고 결과적으로 최후가 된) 동맹은 1890년 1월 19일 좌파 불랑지스트인 프랑시스 로르Francis Laur(1844~1934)[54)]의 재선을 위한 뇌이 집회에서 실현되었다. 이 집회는 프랑시스에게 "정치적 반유대주의의 출발점"[55)]이 된다.

집회의 주최자가 드뤼몽을 의장으로 세운 '프랑스 반유대 국민동맹Ligue Nationale Antisémitique de France' 집회의 목적은 극좌에서 극우까지, 귀족에서 노동자까지를 반유대주의라는 단 하나의 정치적 강령 속으로 '융합'하는 데 있었다.

"모레스의 지휘하에 뇌이에서 열린 이 시위운동은 두 운동을 융합하여 젊은 귀족과 노동자들의 새로운 정당을 건설하기 위해 기획되었다."[56)]

집회에는 모레스 후작을 비롯해 왕당파 귀족들, 폴 데룰레드 Paul Déroulède(1846~1914)[57)]를 비롯한 불랑지스트들, 반유대주의

---

54) 국가사회주의자 및 불랑지스트이자 과격 반유대주의자. 남장 차림의 여류 소설가였던 조르주 상드George Sand(1804~1876)의 양자였다—역주.

55) Zeev Sternhell, *La Droite Révolutionnaire*, Seuil, 1978, p.202.

56) Byrnes, 앞의 책, p.350.

57) 작가이자 정치가로서, 파리 코뮌 진압에 참가했다. 불랑지스트의 쿠데타 실패 후 10년간 국외로 추방당했다가 1905년 특사로 귀국했다—역주.

자들이 함께했다. 드뤼몽은 그때의 모습을 이렇게 묘사하고 있다.

"가문의 이름으로 프랑스사의 가장 빛나는 페이지를 장식하는 명문 귀족들이 자신들의 동포를 대하듯 노동자들과 한데 섞이고, 애국심과 정의감의 고양을 통해 그들과 화해하는 모습을 그곳에서 보았다."58)

상복 차림에 치자색 꽃으로 옷깃을 장식하고 연단에 오른 모레스는 그날의 강연자 중에서 가장 중요한, 그리고 필시 가장 과격한 연설을 행했다. 그는 이렇게 말했다.

"동지 여러분, 시대는 어둡습니다. 프랑스는 모든 헌신을 필요로 하고 있습니다. 귀족과 평민이 전장에서 피를 섞었던 지난날을 본받아, 우리도 조국 프랑스를 위해 어깨를 나란히 하여 싸우지 않겠습니까? 조국은 지금 유대인으로 인해 파멸에 임박해 있습니다!"59)

싸움의 선두에 설 것을 책무로 하는 귀족과 혁명적 노동자의 '융합.' 유럽 '파시즘'의 원형은 이때 뇌이에서 탄생했다.

그러나 생각하는 바를 거침없이 말하고 마는 드뤼몽이 1890년 3월 『최후의 싸움La Dernière Bataille』에서 불랑제 장군에게 가차 없는 필주를 가함으로써 반유대주의와 불랑제주의의 밀월은 불과 2개월 만에 막을 내렸다. 드뤼몽은 나약함을 용서하지 않는 사람이

---

58) Drumont, 앞의 책, pp.38~39.
59) 같은 책, p.v.

었으므로, 불랑제 장군을 "입만 살아서 남자답지 못한 결정을 내리는 인물"이라 혹평하고, "장군의 망명 이후 불랑제주의는 촌극화되었다"⁶⁰⁾라고 평하여 불랑지스트를 격앙시켰다.

드뤼몽을 불랑지스트 진영으로 불러들인 모레스 후작 또한 이때 진영 내부에서 미묘한 입장에 몰렸다. 같은 해 4월의 파리 시 선거에서 드뤼몽과 모레스는 함께 입후보하지만, 불랑지스트의 선거 방해로 참패를 맛보게 된다. 이 낙선에 어지간히도 분을 삭일 수 없었던 모양인지, 후일 드뤼몽은 선거를 총평하며 원한의 말을 늘어놓았다.

"한때 국민정신을 체현한 듯이 보였던 불랑지스트 일당은 우리들과의 공동 투쟁을 거절했다. 그들은 메예르Arthur Meyer(1844~1924)⁶¹⁾, 나케와 같은 인물에게 조종당하는 상태가 되었다. 유대화됨과 동시에 불랑제주의는 추락한 것이다."⁶²⁾

6. 모레스 맹우단과 개인적인 전쟁

모레스 후작은 불랑제주의와 결별한 후에 아나키즘에 급격히 가까워진다. 선거보다는 가두 투쟁, 표보다는 총탄이라는 직접주

---

60) 같은 책, pp.176~179.
61) 프랑스의 보수 일간지 「골Gauls」의 유대계 편집자. 랍비의 아들로 태어났으나 가톨릭으로 개종하고 왕당파 및 반유대주의의 입장에 섰다. 『유대적 프랑스』에서 드뤼몽이 그에게 유대인이라며 인신공격을 하자, 드뤼몽과 결투를 벌인 적이 있다―역주.
62) Drumont, *Le testament d'un Antisémite*, E. Dentu, 1891, p.x.

의는 본래 모레스 후작의 기질에 들어맞는 것이었다. 모레스는 아나키스트 집회에 출석하여, 파리 코뮌의 전설적 투사 루이즈 미셸 Clémence Louise Michel(1830~1905)[63])과 나란히 단에 올라 "기성 체제에 반대하는 모든 계급의 통합"[64])을 호소했다.

1890년 5월 1일 노동절에 모레스 후작은 4만 명의 실업자를 조직한 일대 시위 집회를 기획했다. 전해 불랑지스트의 쿠데타 미수의 기억이 생생했던 정부 당국은 "쟁란, 살인, 약탈, 무장봉기 교사"라는 죄목으로 그를 체포했다. 모레스 후작에게 그 정도로 정치력이 있었는지는 의심이 가지만, 정부 당국은 일단 모레스를 불랑제 장군 사후 가장 위험한 정치적 선동가 중 한 사람으로 감시했었다. 모레스는 이때 3개월의 금고형을 받았다.

그런데 재판 과정에서 그에게는 치명적인 스캔들이 발각되었다. 4월 파리 시의원 선거에 드뤼몽과 함께 출마했을 때, 모레스가 유대인 정치 상인인 아르튀르 메예르로부터 5천 프랑의 선거 자금을 받은 사실이 폭로되었던 것이다.

불랑제주의 자체는 본래 반유대주의적 운동체가 아니었고, (드뤼몽이 비난했던 대로) 다수의 유대인 정치 상인을 회원으로 포함하고 있었다. 불랑제주의 운동 속에서 모레스 또한 필연적으로 유

---

63) 아나키스트. 파리 코뮌 시 구급대원으로 활약하였고, 정부 전복죄로 기소되어 7년간 남태평양의 뉴칼레도니아에 유배되었다. 이후 프랑스 각지의 정치 집회를 전전하며 혁명적 아나키즘 활동을 펼쳤다-역주.
64) Byrnes, 앞의 책, p.354.

대인들과 접촉하게 되었다. 모레스가 어떤 생각으로 유대인 정치 상인의 헌금을 받았는지는 모른다. '유대인을 이용할' 마음이었는지도 모르며, 혹은 유대인들에게 '착취'당한 막대한 재산의 일부를 '탈환'할 마음이었는지도 모른다. 이 자금 문제에 관해 그는 한마디의 변명도 하지 않았기에 그 이유는 알려지지 않았다.

그러나 이 사실이 폭로됨으로써 모레스 후작의 정치적 경력에는 치유하기 힘든 상처가 남았다. 드뤼몽 또한 사태의 성격으로 인해 이 젊은 맹우와 맺은 우정을 부득이하게 청산했다.

1890년 11월 출옥했을 때, 모레스 후작을 받아 줄 정치 조직은 어디에도 존재하지 않았다. 모레스는 자신만을 위한 정치 조직을 자기 손으로 결성하는 것 외에 선택의 여지가 없었다. 그리하여 스스로의 자금과 개인적 인맥만으로 자신의 개인적인 '돌격대'인 모레스 맹우단Morès et ses amis을 결성하게 된다. 1891년 3월, 이렇게 해서 세계 최초의 파시스트 무장 투쟁 조직이 탄생한다.

모레스 맹우단 구성원은 '늙은 혁명가, 과거 코뮌에서 싸운 사회주의자, 막 제대한 젊은이, 껄렁패, "영원의 불랑지스트"들', 그리고 조직의 핵심이 된 라빌레트 도축 처리장의 도축업자들이었다.

라빌레트의 도축업자들이 전통적으로 어떠한 정치적 성향을 띤 사회 집단인지, 심지어 본래 특정한 정치적 성향을 띠고 있었는지도 나는 알지 못한다(그러한 연구의 존재 여부에 대해서도 모른다). 그러나 가스파르 노에Gaspar Noé(1963~)[65]가 감독한 라빌레트의 도축업자들을 주인공으로 한 두 편의 영화 「카르네Carne」

(1991)와 「나는 혼자다Seul contre Tous」(1998)를 보면, 그 지역에는 모종의 폭력적인 정치성이 장독처럼 깔려 있다는 점이 감지된다. 산 짐승을 죽이는 데서 깊은 희열을 발견한 천성적인 수렵가인 모레스 후작은 라빌레트의 도축업자들 속에서 자신의 성향을 이해해 줄 사람들을 발견했다고 믿었는지도 모른다.

어찌 됐든 그는 풍부한 정치 자금을 동원해 폭력적 투쟁을 불사하는 반체제적 정치 결사를 시작했다.

"모레스는 언제나 선두에 서서, 자신의 호주머니에서 돈을 뿌리고, 차례차례 대담한 기획을 시도하며 사람들의 뇌리에 깊은 인상을 남겼다."[66]

모레스 맹우단은 선전 활동에 머물지 않고, "용맹한 가두 투쟁, 유대교 의례장 난입, 반유대주의 집회장에서 행하는 반대파를 향한 공갈"[67] 등을 통해 이름을 떨쳤다. 모레스 맹우단의 특징은 무엇보다 일종의 '정치 미학'에 대한 집착이었다.

모레스는 대중 동원에 필요한 정치적 임팩트는 강령의 정합성이나 당파의 조직성보다 오히려 활동 형태의 정서적·심미적 환기력에 있다고 통찰했다. 그는 단원들에게 이데올로기적인 일치를 반드시 요구하지는 않았지만 제복의 통일은 엄명했다. 솜브레로와 보랏빛 카우보이 셔츠가 모레스 맹우단 단원들이 착용하도록

---

[65] 아르헨티나 태생의 프랑스 영화감독—역주.
[66] Schwarzschild, 앞의 책, p.9.
[67] Byrnes, 앞의 책, p.356.

규정된 제복이었다. 이는 "다부진 근골의 단원들에게 일종의 집단적 귀속 의식을 가져다주는"68) 까닭이었다. '제복'과 '근골'의 심미적 임팩트를 이용하겠다고 착상한 점에서 모레스는 분명 최초의 근대적 정치 선동가 중 하나이다. 이 날카로운 통찰력에서 모레스는 무솔리니Benito Mussolini(1883~1945)와 히틀러Adolf Hitler(1889~1945)의 선구자이다(그해 가을 시즌, 파리의 패션계는 사파리 재킷에 카우보이모자를 더한 코디네이션에 '모레스'라는 이름을 붙여 판매했다).

또 하나의 정치 미학은 '피'에 대한 취미였다. 모레스는 재판 이후 반유대주의 운동과는 소원해졌지만 드뤼몽과의 개인적 친교는 계속 이어 갔다. 드뤼몽은 1892년에 반유대주의 일간지 「자유 공론La Libre Parole」을 창간했다. 거기서 전개한, 어느 유대계 장교를 향한 비난 캠페인이 촉발한 문제로 인해 드뤼몽은 수차례나 결투 신청을 받았다. 이때 극도의 근시이자 무예 소양이 전혀 없는 드뤼몽을 대신하여 모레스가 현역 군인들을 상대로 수차례 검과 총을 휘두르며 비상한 용맹을 발휘했다. 같은 해 6월 23일에는 마침내 아르망 메예르Armand Meyer 대령을 결투에서 살해하기에 이른다(기소 유예되었다). 과거의 찬란함을 잃은 모레스 후작의 지명도는 결투라는 거친 정치적 퍼포먼스를 통해 회복의 조짐을 보인다. 그러나 1893년에 파나마 운하 사건69)에서 뇌물 사건의 중심에

---

68) 같은 책, p.356.

있던 코르넬리우스 헤르츠에게 2만 프랑의 빚을 졌다는 사실이 조르주 클레망소Georges Clemenceau(1841~1929)[70]에 의해 폭로되어 또다시 정계 부활의 싹은 잘리고 만다.

모레스는 도박 빚 변제에 전전긍긍하여 헤르츠에게 융자를 신청했는데, 드뤼몽의 「자유 공론」으로부터 집요하게 공격받던 헤르츠는 이를 자신의 원한을 풀 호기로 보고 드뤼몽을 보증인으로 세우라는 조건을 내세웠다. 드뤼몽은 친구를 위해 이 굴욕적인 조건을 받아들였고, 동시에 모레스에게 절교를 선언했다.

모레스 후작은 이렇게 하여 프랑스에서 두 차례의 치명적인 정치적 실추를 맛보게 되었다. 이제 그를 위한 정치 활동의 장은 어디에도 남아 있지 않았다. 모레스는 (과거 미국이나 인도차이나에서 실패한 후 그곳을 떠났던 것처럼) 프랑스를 떠나게 된다.

다음의 목적지는 아프리카라는 '배드랜즈'였다.

프랑스는 당시 아프리카에서 영국과 격심한 식민지 쟁탈전을

---

[69] 파나마 운하 건설을 둘러싸고 벌어진 스캔들. 정부 주도의 '파나마운하회사'의 설립부터 파산에 이르기까지 다수의 유대인 정치 상인이 관련된 뇌물 수수 사건이다. 정부는 복권형 채권까지 발행하여 파산을 막으려 했지만 80만 명의 프랑스 국민이 손해를 봤고, 좌우파를 막론하고 5백 명이 넘는 정치가들이 관련되었다. 그중 일부가 공판 중 자살 및 병사하지만 대부분은 공소 취하 및 무죄 판결을 받았다―역주.

[70] 두 차례에 걸쳐 프랑스 수상을 지낸 정치가. 제1차 세계대전에서 보여 준 강한 지도력으로 '호랑이'라는 별명을 얻었으며, 대전 승리 후 독일에게 치명적인 타격을 안긴 베르사유 조약을 주도했다―역주.

벌이고 있었다. 모레스는 이 싸움에 몸을 던져 영웅적인 업적을 세워 잃어버렸던 명성을 되찾아야겠다고 생각했다. "사하라 주요 부족의 족장들, 이슬람의 주요 종파의 지도자들과 연대하고"[71] "영국을 지중해로부터 몰아내기 위한 새로운 십자군"[72]을 창설하는 것이 그의 계획이었다. 이 프로젝트는 20년 후에 젊은 영국인이 아라비아 반도에서 시도한 개인적인 전쟁을 연상시킨다. 그 영국인의 이름이 지금도 기억되는 반면 모레스 후작의 이름은 전해지지 않는 것은 똑같이 황당무계한 구상에서 비롯된 개인적인 전쟁을 토머스 에드워드 로렌스Thomas Edward Lawrence(1888~1935)[73] 대령은 군사적 승리로 장식할 수 있었기 때문이다.

모레스는 2년에 걸친 현지 탐험 도중 1895년에 자금 원조를 구하러 일시 귀국한다. 하지만 그의 모험적 프로젝트에 투자할 사람은 프랑스에는 당연히 한 사람도 없었다. 실의에 빠진 모레스는 1896년 '영국과의 개인적 전쟁'을 완수하기 위해 또다시 아프리카로 돌아간다.

"북아프리카의 프랑스 당국으로부터 어떠한 원조도 받지 못한 채, 현지 사정이나 언어나 주민에 관한 경험을 결여한 채, 모험 여행을 떠난"[74] 모레스는 같은 해 8월 9일, 사하라를 남하하는 여행

---

71) Barrès, 앞의 책, pp.302~303.

72) Byrnes, 앞의 책, p.360.

73) 오스만 튀르크 제국에 대한 아랍의 반란을 지원한 영국 군인. 영화 「아라비아의 로렌스Lawrence of Arabia」(1962)의 모델이 된 인물이다—역주.

도중 지참금을 노린 현지 동행인의 배신으로 살해되었다. 죽기 전 그에게는 4명의 동행인이 있었다.

"죽음의 때까지 그는 사자와 같이 아름답고 용감했다"는 찬미로 모리스 바레스는 모레스의 죽음에 대한 기술을 마치고 있다.[75] 미망인이 된 메도라는 살인범 체포와 시신 회수에 거액의 현상금을 걸고, 탐색을 위해 '배드랜즈 카우보이'들을 아프리카로 보내려고 했다. 이후 시신이 발견되고, 7월 16일에 파리의 노트르담 사원에서 장례식이 거행되었다. 드뤼몽과 바레스가 조사를 낭독하고, 대통령 펠릭스 포르Félix Faure(1841~1899)[76]도 장례 행렬에 섰다. 향년 38세. 묘는 아내와 처음 만난 칸에 있다.

7. 최초의 파시즘

모레스의 정치사상(그렇게 부를 만한 것이 있어야 한다는 전제가 붙지만)을 후세에 전하는 한 편의 정치 팸플릿을 읽으며 이 짧은 초상을 끝내고자 한다. 팸플릿은 1894년, 즉 그가 프랑스를 떠나 영국과의 개인적 전쟁을 준비하던 시기에 마르세유에서 출판되었다.

---

74) Beau de Loménie, *É. Drumont ou l'Anticapitalisme National*, J.J. Pauvert, 1968, p.111.
75) Barrès, 앞의 책, p.308.
76) 가구상의 아들로 태어나 가죽 사업으로 큰 부를 쌓고, 국회의원으로 당선되면서 정계에 입문했다. 대통령 시절 아나키스트들을 사면하기도 했으며, 드레퓌스 사건에서는 반드레퓌스파에 속했다―역주.

거기에서 모레스는 1890년대 프랑스 정치를 다음과 같이 개관했다.

"유대인과 그 동맹자인 기회주의자, 사이비 보수파는 의회 내에서는 급진주의자, 집산주의적-국제주의적 사회주의자에 대립하여 결속해 있으나, 나는 그 어느 측에서도 진정한 프랑스를 발견할 수 없고, 어느 쪽 그룹에도 관여할 마음이 없다. (……) 첫 번째 그룹에는 겁쟁이, 얼간이, 아첨꾼, 도둑이 모여 있고, 두 번째 그룹은 기독교를 박해하는 반자유주의적인 당파적 대립을 통해 연대가 성립해 있다. 양쪽 모두 배후에는 프리메이슨이 있다."[77]

읽는 사람 입장에서는 힘이 빠질 정도로 정치적 센스라고는 찾아볼 수 없는 분석이지만, 우선은 모레스가 '정치적 올바름'이란 조직이나 시스템의 힘에서 나오는 것이 아니라 개개의 구성원에서 비롯되는 것으로 이해하고 있다는 점을 알면 된다. 정치가가 설령 "겁쟁이, 얼간이, 아첨꾼, 도둑"이라고 해도 적절한 정책적 선택을 행할 가능성이 있다는 사실을 모레스는 상정하지 않는다.

모레스는 당연히 사회의 급진적인 변혁을 바라고 있다. 그러나 이는 "세습적인, 선조 전래의 성격과 관습에 일치하는 형태로"[78] 수행되어야 한다. 혁명은 필요하다. 하지만 이는 프랑스 고유의 풍토에 어울리는, 전통에 기원을 둔 것이어야 한다. 프랑스라는

---

77) Marquis de Morès, *Le Secret des Changes,* Imprimerie Marseillaise, 1894, pp.1~2.
78) Barrès, 앞의 책, p.295.

'국체를 존속시키는 근본적인 기운'을 분명히 밝히고 드러내는 것이 아니라면, 어떠한 변혁의 시도도 프랑스라는 대지에 뿌리내릴 수 없다.

모레스가 말하는 "참된 프랑스"라는 개념은 그 후 '악시옹 프랑세즈Action Française'[79])의 샤를 모라스Charles Maurras(1868~1952)[80])나 티에리 모니에Thierry Maulnier(1909~1988, 모리스 블랑쇼Maurice Blanchot가 극우였던 시절의 사상적 동반자)의 '국민 혁명론Révolution nationale'[81])을 경유하여, 필시 오늘날까지 프랑스 우익 사상 내에서 그 맥을 이어 가고 있다.

모라스에 따르면 '국가'라는 명사에는 엄격히 구별해야 할 두 가지 층위가 포함되어 있다. "심층의 프랑스la France profonde" 혹은 "참된 프랑스"는 "프랑스의 대지, 진리, 피, 풍부한 뉘앙스, 기호,

---

79) 1894년 드레퓌스 사건을 계기로 1898년 반드레퓌스파들이 세운 반공화주의적 왕당파 정치 단체—역주.

80) 반드레퓌스·반근대주의자로서 '악시옹 프랑세즈'를 이끈 문필가이자 언론인. 이탈리아의 무솔리니와 스페인의 프랑코Francisco Franco(1892~1975)의 파시즘은 지지했으나, 독일 혐오증으로 나치에는 경계를 표했다. 국가는 하나의 유기체로서 국가 성원 간에는 차이와 서열이 존재한다는 '국가 통합주의Nationalisme intégral'를 펼쳤다. 당시 젊은 지식인과 예술가들에게 압도적인 영향을 주었다—역주.

81) 비시 정부의 원수였던 필리프 페탱을 주축으로 주창된 이데올로기. 제2차 세계대전에서 독일에 패했다는 국가적 위기감을 배경으로 반의회주의, 반삼권분립, 반유대주의, 배외주의, 반공산주의를 기치로 내세우고, 모라스의 국가 통합주의 등을 접목하여 프랑스의 전통적 가치 복원을 표방했다—역주.

감정"82)을 의미하며, "법률상의 프랑스la France légale"는 그 싱싱한 자연 발생성을 덮어 버리고 질식시키고 있는 시스템을 가리킨다. 따라서 진정한 내셔널리스트의 싸움은 공히 '프랑스'를 가리키는 두 층위—표층과 심층— 사이에서 전개하는 것이 된다.

이는 일본인에게는 그다지 친숙하지 않은 정치 투쟁의 도식이다. 우리는 (필시 열도 주민이라는 지정학적 특수성 때문에) '우리'와 '남' 사이의 수평적인 거리를 강력한 분리감으로 인식함으로써 국민적 정체성을 발동시키는 조작에 익숙해 있다. 그러나 유럽은 모습이 조금 다른 듯하다.

고대 이래 국경선을 계속 고쳐 그린 유럽의 국민들은 베스트팔렌 조약Peace of Westfalen83)으로 시작된 '근대 국가' 시스템의 구축 이후에도, 국경선의 '이쪽'과 '저쪽'이라는 지리적 분리(이는 한 줄기 강이나 고개 하나에 지나지 않는 경우가 많다)가 결정적인 단절이라고 느끼지 않았다(실제로 국경 근처에서는 언어뿐만 아니라 습속과 심성이 서로 섞여 있다).

필시 그 때문에 그들은 국민적 정체성의 지표로 '수평 방향(원근遠近)의 간격보다는 '수직 방향(심천深淺)의 간격을 우선시하는

---

82) Charles Maurras, *Charles Maurras Enquête sur la Monarchie*, Librairie Nationale, 1914, p.559.

83) 독일의 30년 전쟁을 마무리하는 조약으로 1648년 유럽 각국이 참여해 협정을 맺었고, 이에 따라 국경선을 포함한 유럽의 근대적 정치 구조가 틀을 잡게 되었다—역주.

전략을 선택한 것이다. 따라서 동일한 마을 안에서 같은 언어를 말하고 같은 시민권을 가지면서도, "진정한 프랑스인"과 "법률상의 프랑스인"이 존재하게 된다. 프랑스의 "대지와 피"를 올바로 승계하고 있기 때문에 "프랑스적 뉘앙스"를 이해하는 프랑스인과, 국적이나 시민권은 가지고 있으나 "프랑스적인 뉘앙스"를 모르는 프랑스인이 있다. 진정한 대립은 동일 명칭을 내세우는 두 집단이 '정통성' 확보를 위해 벌이는 쟁탈전으로 전개된다.

이 '깊음/얕음의 도식'은 19세기에 드뤼몽, 모레스 후작, 바레스 등에 의해 정치적 공식으로 정식화된 이후 모라스, 모니에, 그리고 드리외 라로셸Pierre Drieu La Rochelle(1893~1945)[84]이나 모리스 블랑쇼에 이르기까지 길게 이어져, 양차 대전 사이에 '프랑스 파시즘'의 기본적 형태를 구성하게 되는데, 그 과정을 더듬기 위해서는 또 다른 긴 이야기를 해야 할 필요가 있다. 우선 모레스 후작이 말하는 "진정한 프랑스"가 그의 지성(지성이라고 할 정도로 활발하지는 않았지만)으로는 "프랑스의 신체"로 인식되었다는 점을 확인해 두자.

사상은 신체를 가지지 않으면 안 된다. 모레스 후작에게 '정치적 올바름'은 조직이나 시스템의 힘에서 나오는 것이 아니라 개개

---

[84] 1930년대 프랑스의 대표적 파시스트. 초기에는 나치를 거부했으나, 1935년 직접 독일을 방문한 후 민주주의의 대안으로서 나치 이데올로기를 포용하게 되었다. 이후 독일의 북부 프랑스 지배를 지지하고, 스탈린주의에도 호감을 표시했다. 프랑스 해방과 함께 자살했다―역주.

의 구성원에게서 비롯되는 것이라는 말은 그렇게 설명할 수 있다. 따라서 "진정한 프랑스"를 기사 작위와 혈통을 통해 개인적으로 표현할 수 있는 인간(예컨대 모레스 후작과 같은 인간)은 어떤 정책적 결정을 내려도 언제나 옳은 것이 된다.

"참된 프랑스", 그것은 "대지의 축복과 풍토와 조상 전래의 유풍"[85]이다. 이는 대지에 가득 찬 영기와 같은 것으로, 프랑스인의 혼과 프랑스의 문물과 프랑스의 산물 모두에 깊이 스며들어 있다.

"참된 프랑스"를 망가뜨리는 '사이비 프랑스'는 공간적으로는 '외부로부터', 시간적으로는 '원주민보다 뒤늦게' 도래한 자들로부터 유래되었다. '사이비 프랑스'의 구성 요소는 독일이든 영국이든 프리메이슨이든 유대인이든 간에 결국엔 "국가의 유기적인 구조에 침입한 이방적 요소"[86]이자, "환부" 혹은 "병소(병원균이 있는 자리)"로서 해석된다.

'깊음/얕음의 도식'은 고스란히 '건강/이상의 도식'으로 대치할 수 있다. 표층의 병소 밑에 건강하고 생기 넘치는 '본체'가 있다. 병소를 제거하고 환부를 척결하고 병원체를 몰아내면, 프랑스는 소생한다.

1894년 단계의 모레스는 눈앞에서 펼쳐지는 프랑스의 위기를 "건강하고 정상적인 프랑스"에 "병든 영국"이 침입하여 생긴 병태

---

[85] Morès, 앞의 책, p.5.
[86] 같은 책, p.78.

로 진단했다. 영국은 "상인적, 공업가적, 항해자적, 은행가적"이며, 따라서 "생존을 위해 수탈을 필요로 한다." "영국은 수탈 국가의 전형이며, 그 정치는 해적의 정치이다."[87] 한편 프랑스는 "농경자적, 직인적, 창조적, 이상주의적" 생산자이다. 영국과 프랑스는 원리적으로 대립할 수밖에 없다. "각 국민을 관리하는 원리는 영원히 변하지 않기"[88] 때문이다.

이 영국/프랑스의 이원론은 앞서 등장한 "겁쟁이, 얼간이, 아첨꾼……"이라는 자신의 정치적 적대자에 대한 규정과 동일한 사고로부터 도출된 것이다. 모든 인간은 "영원히 변화하지 않는" 어떤 카테고리를 선천적으로 타고난다. 마찬가지로 모든 국민도 "영원히 변화하지 않는" 어떤 카테고리를 타고난다. 영국인으로 태어난 사람은 어떤 식으로 자기 규정을 하더라도 그 "해적적" 본성을 바꿀 수 없으며, 프랑스인으로 태어난 사람은 어떤 노력을 하더라도 그 "농경자적" 본성을 청산할 수 없다.

그리고 여기서 우리들이 간과해서는 안 될 것은 파시즘이라는 정치사상은 '인간은 영원히 변화하지 않는 천성적인 카테고리에 못 박혀 있다'는 전제하에서야 비로소 성립한다는 점이다.

파시즘이란 다른 계급들이 융합하여 하나가 되는 것을 의미하지 않는다. 오히려 본래 섞일 수 없는 계급이 만나는 것이다. 이 만

---

87) 같은 책, p.6.
88) 같은 책, p.78.

남의 부자연스러움이 초래하는 긴장과 어색함을 통해 사람은 자신의 본래성이라고 규정된 "영원히 변하지 않는 것"을 보다 깊고 강하게 자각하게 된다. 기독교 귀족과 혁명적 노동자가 '융합'한다고 하여, 파시스트들이 귀족도 아니고 노동자도 아닌, 기독교적도 아니고 혁명적도 아닌 새로운 사회 집단을 형성하는 것은 아니다. 오히려 파시스트가 됨으로써 귀족은 더욱 귀족적이 되고, 노동자는 더욱 노동자적이 된다. 모레스 후작이 푸른 작업복을 입은 노동자나 루이즈 미셸과 같은 아나키스트와 연단에서 어깨동무를 한 이유는 그들과 '하나가 되기' 위해서가 아니다. 모레스 후작으로서는 그들과 함께 있을 때가 (아마도 고가의 양복을 걸치고, 푹신한 소파에 걸터앉아 값비싼 시가를 태우는) 유대인 정치 상인과 함께 있을 때보다도 자신이 '어떠한 인간'인지 분명히 자각되기 때문에 그렇게 하는 것이다. 자신으로부터 가장 멀리 떨어져 있는 카테고리의 인간이 옆에 있을 때야말로 자신이 어떤 존재인지 확신을 갖게 된다. 따라서 파시스트는 자신으로부터 가장 멀리 떨어진 사람들 속에서 동반자를 찾는다.

이러한 전략은 우리에게 독일의 한 철학자를 생각나게 한다. "비웃을 수밖에 없는 원숭이"인 '대중'을 증오·경시하고, 그들에 대한 형언할 수 없는 '혐오감'("거리의 파토스 Pathos der Distanz")[89]

---

[89] 니체의 용어로서, 강하고 고귀하고 위대한 자가 약하고 보잘것없고 저열한 자를 대할 때 거리를 두며 자존을 지키려는 자세를 일컫는다—역주.

을 지주로 삼아 끊임없이 자기 초극을 시도하는 존재를 가리켜 프리드리히 니체Friedrich W. Nietzsche(1844~1900)는 '초인Übermensch'이라 명명하였다.

'초인'은 자기 초극의 동력으로서 절대로 자신과 한데 섞일 수 없는 '대중'에 대한 혐오를 필요로 한다. 따라서 역설적이지만 '초인'은 언제나 '대중'에게 자신을 따르고 자신에게 혐오감을 제공해 달라고 요청하지 않을 수 없다.

사회 성원들은 저마다 대체할 수 없는 본질과 소명을 하늘로부터 부여받으며, '동일하게 적용되는 공식'에 따르지 않는다. "고대 로마의 시민은 혈세를 납부했고, 노예는 무기를 손에 들지 않는 대신 노동을 했다. 주인은 노예를 먹이고, 의복을 주며, 노후를 보살폈다."90)

로마의 시민과 노예는 말하자면 '생태적 지위ecological niche'91)를 달리하며 공생하였다. 시민이 로마 사회에 헌신하는 방식과 노예가 로마 사회에 헌신하는 방식은 다르며, 그 봉사 활동은 서로 맞바꿀 수 없다. 시민은 노예 없이 살 수 없고, 노예는 시민 없이 살 수 없다. 이 완전한 분업에 의한 상호 의존 속에서 모레스는 사

---

90) 앞의 책, p.84.
91) 넓은 의미로는 생물 공동체와 환경 속에서 생물이 차지하는 위치를 말한다. 비슷한 생활 장소와 생활 양식을 가진 두 개체군은 같은 장소에 서식하지 않으며, 같은 장소에 서식하더라도 먹이 등의 지위가 다르고, 때로는 공존 관계에 놓일 수도 있다—역주.

회의 이상을 보았다. 전투하는 기사와 생산하는 노동자는 저마다 다른 방식으로 프랑스의 영광에 봉사하고 있다. 바로 그러한 사회적 기능을 서로 맞바꿀 수 없기 때문에, '계급을 넘어서는 동지적 연대'가 요청되는 것이다.

"동일한 공식을 모든 개인, 모든 풍토에 적용했다는 점"[92]이 근대 국가가 범한 최대의 실패이다. 모레스는 그렇게 생각한다. 사회 성원을 구분하던 차이가 소실되고, 모든 사람이 서로 위치를 맞바꿀 수 있으며, 서로가 서로의 욕망을 모방하는 '대중mass'이 되었을 때, 사회는 해체적 위기에 직면한다(이 비판 자체는 틀리지 않다. 동일한 비판이 우리 시대에도 그대로 적용된다). 그때 "국민을 형성해 왔던 유대가 끊어진다."

"유대는 끊어지고 파시즘은 더 이상 존재하지 않는다le fascisme n'existe plus."[93]

'파시즘'이라는 정치 용어는 통상적으로 무솔리니의 파쇼fascio 창설(1919) 이전으로는 거슬러 올라가지 않지만, 그보다 십 수 년 전에 이미 모레스는 이 용어를 '묶는 것=사회적 유대fascis'이라는 의미로 사용하고 있었던 것이다.

모레스가 '파시즘'이라는 용어를 빌려 표현하고자 한 바는 '기사와 농민'이 프랑스의 영적 풍토 속에서 서로 섞이지 않으면서도 공

---

92) 앞의 책, p.80.
93) 같은 책, p.78.

생하고, 참된 프랑스적인 본래성을 지키면서 영원히 동일한 상태에 머무는 '열반Nirvana'이었다.

자신으로부터 가장 멀리 떨어진 동반자를 불러들이지 않고서는 자신이 누구인지 확신할 수 없는 인간, 그러한 인간이 '파시스트'가 된다. 그는 '귀족'이면서 '혁명적 노동자'와 동맹함으로써 자신의 '귀족성'을 확증하고, 그 동맹을 통해 '유대인=프리메이슨=영국인' 등과 싸움으로써 이번에는 자신이 '다른 누군가가 아닌 바로 프랑스인'이라는 확증을 얻고자 한다.

'계급을 넘어서 타자와 동맹하는 행위'와 '같은 국민에 속하는 타자를 배제하는 행위'는 자신의 유일무이성의 증인으로서 타자를 효과적으로 활용할 수 있는 한, 파시스트에게는 완전히 무모순적이었던 것이다.

오늘날 모레스 후작의 업적이나 사상을 진지하게 논하는 사람은 없으며, 그가 써서 남긴 텍스트를 읽을 기회가 우리에게는 거의 주어지지 않는다(나는 프랑스 국립 도서관의 어두운 열람실에서 그의 얇은 팸플릿을 읽었지만, 나 이전에 이를 열람한 사람은 극히 소수였을 것이다).

개인적으로 나는 "안토니오 반데라스Antonio Banderas를 주연으로(감독은 누구면 좋을까? 리들리 스콧Ridley Scott?) 모레스 후작의 일대기를 영화화하는 기획이 있었으면……" 하고 몽상할 때가 있다. 하지만 유대인들('할리우드'의 상당 부분은 그들 소유이다)은 그를 조금이라도 매력적인 인물로 그리려 하면 허락하지 않을 것이다. 이는 어쩔 수 없는 일이며, 나는 그 판단에 반대하지 않는다.

그러나 모레스 후작에 관해 언급하는 사람이 사라졌다는 사실이 그가 홀려 있던 정치적 환상으로부터 우리들의 시대가 깨어났다는 것을 의미하지 않는다는 점을 확실히 말해 두어야 한다. 나는 에두아르 드뤼몽에게서도, 모레스 후작에게서도, 혹은 모리스 바레스나 샤를 모라스나 티에리 모니에나 (1930년대의) 모리스 블랑쇼에게서도, 드리외 라로셸에게서도, 그들의 텍스트를 읽을 때마다 일종의 '매혹'을 느끼고 만다. 이를 솔직히 인정해야 한다고 생각한다. 그들이 우둔하고 사악한 인간일 뿐이었다면, 세계의 풍경은 분명 그 윤곽이 상당히 명백했으리라. 하지만 실제로 그들은 우둔하지도 사악하지도 않았다. 내가 만약 19세기 말엽에 태어난 프랑스인으로서 그 시대의 정치적 상황에 참여할 가능성이 있었다면, 드뤼몽이나 모레스의 인간적 매력에 강하게 이끌렸을지 모른다. 그러한 종류의 상상력을 사용하는 것도 때로는 필요하다고 생각한다.

오해를 사고 싶지는 않은데, 나는 그들을 비호하는 것도, 변명하는 것도 아니다. 오히려 그들은 지금도 살아 있다고 하는 사실, 그들과 같은 유형의 사고 형태에 매혹되고 마는 요소가 우리들 안에 여전히 숨 쉬고 있다는 사실을 직시하지 않는 한, '유대인 문제'의 본질에 접근하기란 어려우며, 그것도 참으로 절망적일 만큼 어렵다고 말하고 싶을 따름이다.

4장 끝나지 않는 반유대주의

1 '알 수 없는 이야기'

　내가 이 논고에 '사가판'이라는 이름을 붙인 이유는 유대인 문제에 관해 가능한 한 '알 수 없는 내용'을 쓰고 싶다고 생각했기 때문이다.

　전문가가 자신이 숙지하고 있는 분야에 관해 말할 때, '이야기의 앞뒤가 맞아도 너무 맞는' 경우가 생긴다. '이야기의 앞뒤가 맞아도 너무 맞는' 경우는 그다지 바람직하지 않다. '앞뒤가 지나치게 맞아떨어지는 이야기'는 독자에게 남는 인상이 약하기 때문이다. 그런 까닭인지, 윤곽이 반듯하고 너무나도 정연한 논술은 우리의 기억에 오래 남지 않는다.

　반대로 어딘지 '논리의 부정합적인 측면'이나 '노이즈'나 '버그'가 있는 텍스트는 상당한 시간이 흘러도 세부까지 선명하게 기억

나는 경우가 있다. 이는 그 '부정합성'을 삼켜 넘길 때 걸린 '가시'가 필시 신체의 어딘가에서 여전히 통증을 유발하고 있기 때문이 아닐까.

우리의 기억에 남는 것은 '납득이 가는 말'이 아니라, 오히려 '정리되지 않는 말'이다. "세계와 당신이 싸울 때에는 세계를 지원하라"라든지, "내가 말하고 있을 때, 내 안에서 말하고 있는 사람은 타자이다"라든지, "우리는 욕망의 대상을 타인에게 양도함으로써만 이를 얻을 수 있다"는 등, 비록 어렴풋이 기억할지라도 결코 잊을 수는 없는 종류의 말이 있다. 이를 잊을 수 없는 이유는 어린 시절의 일상적인 논리를 가지고서는 이러한 말들을 '삼켜 넘길' 수 없는 까닭이다.

그런데 어느 날부터 자신이 그러한 말들을 '삼켜 넘길' 수 있게 되었다는 것을 깨닫는다. 타액이 목구멍에 걸린 생선의 뼈를 녹이고 그 칼슘 성분으로 자신의 뼈를 만들어 내듯, 이 '가시' 있는 말들은 녹아서 우리 신체의 일부가 된다. 내가 '가시'라고 부르는 대상은 그처럼 '삼켜 넘기기 힘든' 종류의 말들이다.

이런 말을 삼켜 넘기고자 괴로워하면서 어떻게든 그것을 '소화'시키는 데 도움이 될 만한 정보나 지식만을 선택적으로 섭취하는 사이에, 나중에 알고 보니 그 '가시'를 중심으로 내 사고나 감수성이 조직되어 버리는 경우가 있다. 그 상태는 '내가 가시를 삼켜 넘겼다'라는 표현보다는 오히려 '그것을 가시로 느끼지 못하도록 내 후두의 구조나 조직이 재편되었다'는 표현에 가깝다.

아마도 진정으로 '교화적'인 텍스트란 그러한 것이리라. 그리고 참으로 외람되지만, 나도 가능하다면 그러한 '가시' 있는 유대인론을 쓰고 싶었다.

따라서 나는 이 논고를 통해 나 자신조차 대체 무엇을 말하고 싶은 것인지 알 수 없는 내용, 즉 나 자신에게 '가시'와 같은 주제를 선택하여 쓰겠다는 전략을 채택했다.

독자의 입장에서는 꽤나 성가신 텍스트 전략이지만, '내가 알고 있는 것'만을 아무리 훌륭히 짜깁기해 낸다고 하더라도 나는 유대인 문제에 접근할 수 없다. 따라서 당연히 내가 쓴 글을 경유하여 독자가 유대인 문제에 접근하는 것도 불가능하다. 유대인 문제를 30년 가까이 연구해 오면서 그 사실만큼은 뼈에 사무치도록 잘 알고 있다. 자신이 알고 있는 내용을 아무리 훌륭하게 구성해도, 유대인 문제로 곧바로 치고 들어가기란 불가능하다. 유대인 문제는 '나의 이해를 초월한 것'을 '나에게 이해될 수 있는 것'으로 추락시키지 않으면서, 그 이타성異他性을 유지한 채로 (강산성의 약품을 유리병에 넣고 가만히 조심스럽게 운반하듯이) 다음 사람에게 직접 건네는 형태로밖에는 취급할 수 없는 대상이다.

따라서 유대인 문제에는 '최종적 해결'이 존재하지 않는다. 만약 "나는 유대인 문제의 '최종적 해결' 방법을 알고 있다"고 주장하는 사람이 있다면, 그 사람은 제3제국의 독일인들과 동일한 내용을 생각하고 있든지 아니면 거짓말을 하든지 둘 중 하나이다. 어떠한 정치학적·사회학적 제언을 가지고 있다고 해도 우리는 유대인 문제의 최종적 해결에 도달할 수 없다. 이것이 나의 입장이다.

내가 취할 수 있는 성실한 태도는 "이는 해결이 곤란한 문제이다"라는 꼬리표를 붙여 '바탕화면'에 놓아두는 것이다. '바탕화면'에 두고서 '눈엣가시'로 삼는 것이다.

거기에 '해결 불능 문제'라는 라벨을 붙여 '파일'화하여 정리해 버려서는 안 된다. 유대인 문제에 대해서는 무엇보다 '정리'라는 행위를 자제해야 한다.

유대인 문제는 결코 '딱지'가 지지 않는 상처와 닮았다. 거기서는 계속하여 찔끔찔끔 농혈이 스며 나온다. 붕대를 대어 상처를 감추려는 시도도, 환부를 통째로 절단해 버리려는 시도도 우리들에게는 허용되지 않는다. 이 상처에 대해 당장에 타당하다고 생각되는 처방이 있다면, 언제나 상처를 바깥공기와 접하게 하고 햇볕이 쪼이게 놔두는 것뿐이다. 바깥공기를 쐬게 하고 햇볕 아래 두는 사이 조금씩이나마 농혈이 마른다. 그렇지만 그 대가로 밖으로 드러난 상처는 외부 공격에 무방비 상태가 된다.

'가시'는 이를 삼켜 넘길 수 없는 우리 비유대인의 목구멍에 걸리는 데 그치지 않는다. 내가 지금까지 서술해 온 (그리고 이제부터 서술할) 숱한 부주의한 말들은 현실의 유대인들에게 상처를 입힐 가능성을 포함하고 있다. 바로 이 리스크(참으로 유감스럽지만 이는 '나에게 있어서의 리스크'가 아니라 '유대인에게 있어서의 리스크'이다)가 유대인 문제를 "바깥공기와 접하게 하고 햇볕을 쪼이게 놔두기" 위해 치러야 할 불가피한 대가인 것이다. 유대인 문제에 관해 말하는 것은 거의 100퍼센트 확률로 현실의 유대인에게 불쾌감을 주는 행동이다. 유대인 문제에 관해서는 '아름다운 말'만 선택적으로 골라 할 수 없다. 따라서 '정치적으로 올바른 의견', '윤리적으로 흠이 없는 언어'만을 말하기 원하는 사람은 이 문제에 발을 들이지 않는 편이 좋다.

나는 이 논고의 마지막 장에서 "유대인 문제는 해결되지 않을 것이다"라는 암울한 예언을 쓰게 되었다. 성급하게 결론을 미리 이야기하면, 유대인 문제는 우리들의 사회에 구조적으로 붙박여 있다. 내가 지금 서술한 내용과 같이 비틀린 사고방식을 가지게 된 까닭은 이른바 나 자신이 유대인 문제의 '효과'이기 때문이다. 유대인이 없었다면, 나는 결코 '이렇게' 사물을 생각하게 되지 않았을 것이다.

일찍이 노먼 콘은 『시온 의정서』의 역사에 관한 연구서 서문에서 이렇게 기록했다.

"나치와 그 공범자의 손에 살해된 비전투원의 3분의 1이 유대인이었다. 제3제국과 싸운 동구권 국가들—소비에트 연방, 폴란드, 유고슬라비아—의 민간인 사망자는 전 인구의 11~12퍼센트에 달하며, 독일 본국에서도 8~10만 명의 정신병원 입원 환자가 가스로 살해당했다. 25만 명의 집시 또한 유대인과 운명을 함께했다. 그럼에도 유대인과 그들 사이에는 분명한 차이가 있다. 유대인은 그들에게만 취해진 특별한 증오에 의해 몰이사냥을 당했다."[1)

콘은 "특별한 증오"의 기원이 무엇인지 알고자 그 책을 썼다. 콘이 더듬어 간 추론은 유대인 문제를 취급했던 기존의 방식과는 상당한 거리를 두고 있다. 그 까닭은 기존의 사회학자나 역사학자들은 유대인 차별의 역할을 주로 '공희供犧'라는 개념을 사용하여 설명하고자 해 왔기 때문이다.

사람들의 원망과 증오를 한 몸에 받는 피차별 집단은 모든 사회에 존재한다. 유대인 또한 그러한 집단의 하나이다. 유대인이 존재하지 않는 사회에서는 다른 임의의 소집단(예컨대 흑인, 투치Tutsi족2), 세르비아인……)이 '공희'의 대상으로 선택된다. 사회의 모든 악을 그 집단이 집약적으로 표현하고, 그 집단만 근절하면 사회는 다시 원초의 청정과 활력을 회복한다는 식의 '이야기'는 세계 어디에나 있었으며 지금도 그렇다. 그것이 한 사회의 구조적인 모순을 은폐하고, 국민 통합을 성취할 수 있는 (독성이 강한) '솔루션'인 한, 시니컬한 정치가들은 앞으로도 정치적 선택의 하나로서 인종 차별을 정치적으로 반복하여 활용하리라는 내용이 과학적인 형태의 공희론이다.

그러나 노먼 콘이 "특별한 증오"라는 단어로 말하고자 한 바는 그러한 '앞뒤가 맞는 이야기'와는 다르다. 유대인이 받은 것은 "특별한 증오"이며, 그 증오는 다른 어떠한 피차별 집단도 떠맡아 부

---

1) 노먼 콘, 『시온 의정서-유대인 세계 정복 음모의 신화』, 우치다 타츠루 역, 다이나믹셀러즈, 1986년, 1쪽(강조는 우치다).
2) 르완다의 투치Tutsi족과 후투Hutu족의 종족 갈등으로 인해 집단 살해를 당하였다-역주.

담할 수 없는 것이다. 분명히 콘은 그렇게 썼는데, 이러한 내용을 쓴 사람은 그때까지는 반유대주의자밖에 없었다.

반유대주의자들은 유대인들에게는 "특별한 증오"를 퍼부어야 한다고 단호히 주장해 왔다. 왜냐하면 유대인이 사회를 망가뜨리는 방식은 다른 어떤 사회 집단이 사회를 망가뜨리는 방식과도 다르기 때문이다. 콘은 (그 자신이 유대인이면서) 이 반유대주의자의 주장 중 일부에 동의한 셈이다.

피해자 측의 입장에서 유대인 문제를 논한 거의 모든 연구자들은 "유대인에 대한 증오는 사회 구조적인 현상이며, 유대인에게는 책임이 없다"는 '정치적으로 올바른' 언명을 반복해 왔다. 그에 비해 콘의 말은 이단적이다. 유대인 문제에 관한 연구를 시작한 내가 최초의 성과물로서 콘의 책을 번역하겠다고 선택한 이유는 필시 그러한 '돌출'된 방식에 이끌린 깊은 흥미 때문이었다.

옥스퍼드 대학에서 역사학을 공부한 노먼 콘이, '홀로코스트'를 기동시킨 것은 정치적 냉소주의가 아니라 "특별한 증오"가 아닐까라는 위험한 상상에 발을 들인 이유는 문헌적 지식이 아니라 경험에서 기인한다. 콘은 이렇게 회상하고 있다.

"죽은 자는 유럽 유대인 중 3분의 2. 게토에서 굶주리거나 병으로 죽은 수를 포함하지 않아도 5백만에서 6백만에 달한다. 이 사람들은 하나의 교전국을 형성한 것도 아니며, 명확한 민족 집단을 형성한 것도 아니며, 영불 해협에서 볼가 강에 이르는 전 유럽에 산재하는 유대교 신자의 자손이라는 점 외에 어떠한 다른 공통점도 가지지 않는다. 이 기괴한 현상을 어떻게 설명하란 말인가?

(……) 내가 이 물음의 대답으로 생각한 것의 윤곽을 감지한 때는 전쟁 직후였다. 1945년 겨울 중부 유럽에서 동원 해제를 대기하고 있을 때, 나는 우연히 나치 및 친나치파 이데올로그의 문서를 수집한 서고에 방문할 기회를 얻었다. 수개월에 걸쳐 그 문서들을 세심하게 읽으며, 심문받고 있던 SS대원들의 입에서 나오는 생생한 목소리를 청취하는 사이에, 내 가슴속에서는 하나의 강한 의구심이 솟구쳤다. (……) 나는 민족 말살genocide은 국가 간의 현실적 이해 대립이나 모종의 인종적 편견과는 무관한 것이 아닐까 하고 생각하기 시작했다."[3]

유대인 박해가 "현실의 이해 대립이나 모종의 인종적 편견과는 무관"하다는 점은 이것이 현실의 정치나 경제가 아니라 '환상'의 수준에서 일어나고 있는 사건에 근거를 두고 있다는 의미이다. 물론 인종 차별이 '환상'적인 것이라는 말은 조금도 새롭지 않다. 다만 그렇게 말하는 사람들은 "인종 차별에는 현실적인 근거가 없다"고 말함으로써, "따라서 자연의 법칙에 비추어 인종 차별은 분명 사라질 것이며, 사라져야 한다"는 희망도 동시에 말하고 있는 것이다. 콘이 여기서 이야기하는 바는 그런 내용이 아니다.

유대인 차별에는 현실적인 근거가 없다. 그럼에도 이는 자연법칙에 따라 사라지지 않고, 집요하게 회복되어 왔다. 어떻게든 현

---

3) 노먼 콘, 앞의 책, 1~2쪽.

실을 바꾸려고 해도 어떠한 손상도 받지 않은 채 그대로 남는 환상적 근거가 어디엔가 계속하여 존재하는 한, 반유대주의는 앞으로도 반복하여 회귀할 것이다.

모든 현실은 역사학적·물리학적인 인과 관계 속에서 발생하며 모든 이데올로기는 사회 구성적이라고 믿을 수 있는 사람은, 역사적 현실과는 상관없이 생성하여 서식하는 환상적인 증오나 공포의 존재를 인정하고 싶어 하지 않는다. 그러나 우리들이 앞서 '일본의 반유대주의' 역사를 더듬어 가며 배웠듯이, "그곳에 존재하지 않는 사회 집단을 향한 환상적인 동일화와 공포"가 현실적으로 정치적으로 활발하게 기능하는 일은 있을 수 있다.

유대인 문제를 논하면서 확인하고 싶은 것은 바로 그 점이다.

인간은 "그곳에 존재하지 않는 대상"을 감지하고, 공포하고, 욕망하고, 증오할 수 있다. 그 무언가는 "존재하는 것과는 다른 방식으로"[4] 살아 있는 인간과 실제로 접하고, 그 사람의 삶의 방식이나 사고방식을 바꿀 수 있다(그 '무언가'는 '있다'라는 동사와 더 이상 호응될 수 없다).

나는 그것을 말하고 싶은 것이다.

그리고 한발 더 내딛어 내가 이 논고에서 언급해 두고 싶은 것은, 우리들이 인습적으로 '유대인'이라고 민족 명칭을 붙여 부르는

---

[4] 레비나스의 저서인 『존재하는 것과 다른 방식으로, 혹은 본질을 넘어 Autrement qu'être ou au-delà de l'essence』(1974)의 앞 구절 인용—역주.

사회 집단은 "존재하는 것과는 다른 방식으로 우리가 접하는 것"과 민족적인 방식으로 관계를 맺고 있다는 가설이다.

이 논의 사항에 관해서, 나는 '알기 쉽게' 말할 수 없다. 이를 위해서는 아무리 해도 '말할 수 없는 대상'을 말한다는 곡예를 시도해야 하기 때문이다.

2. 미래학자가 그리는 이상한 미래

본론에서 벗어나 조금 다른 이야기를 하고 싶다. 다른 곳에 잠시 들름으로써 목적지에 빨리 도달하게 되는 경우도 있다.

로렌스 토브Lawrence Taub(1936~)[5]는 이란의 이슬람 혁명이나 베를린 장벽 붕괴를 예언하며 알려진 미래학자인데, 그의 미래 예측은 인류 역사가 어떤 '성숙'의 역정을 불가역적으로 더듬고 있다는 확신에 의거하고 있다.

"인류는 진보하고 있는가?"라는 물음을 포스트모던기의 지식인들은 웃음거리로 삼을 것이다. "물론 과학 기술은 진보했다. 하지만 이 전쟁과 학살과 차별과 박해의 연쇄에서 당신은 인간성 성숙의 증거를 볼 수 있겠는가?"라고.

토브는 이러한 시니컬한 평가를 물리친다. 19세기 이후의 추이

---

5) 서구, 중국, 인도 문명을 포괄하여 거시사를 제시한 미래학자. 미국 뉴저지의 유대인 게토 구역에서 출생했다. 뉴욕 대학에서 역사학을 전공하고 하버드 법대에 진학하지만 자퇴한 후 프랑스 소르본 대학에서 프랑스어 교사 자격증을 취득했다. 현재는 도쿄에 거주하고 있다—역주.

를 따라가 봐도 인간은 인종적·성적·종교적인 차별이나 식민주의적 수탈이나 노예 제도를 분명히 '죄'로서 의식하게 되었다. 이런 행위는 그 이전 시대에는 반드시 '죄'로 인식되지는 않았다. 분명히 여전히 사람들은 죽어 나가고 있고 부는 수탈당하고 있으나, 그러한 흉행을 일으킨 당사자조차도 그 '정치적 올바름'이나 '윤리적 근거'에 관해서 국제 사회에 설명할 의무를 (다소는) 느끼고 있다. 이것은 1백 년 전에는 존재하지 않았던 감정이다. 이를 통해 볼 때, 인류는 정신적으로 성숙되어 있으며 인간성에 관한 성찰이 깊이를 더하고 있다는 통찰에는 문제가 없을 것이다. 토브는 그렇게 쓰고 있다.

"시대별 진보의 속도에는 불규칙성이 있고, 눈곱만큼의 진보도 찾아볼 수 없는 시대도 있었다. 그러나 인류가 전 시대를 통해 물질적·정신적 진보를 수행해 왔다는 사실을 부정하기란 어렵다."[6]

그러한 확신을 품고 토브는 21세기 초엽에 유럽(Europa: EU)과 유교권(Confucio: 중국, 통일 한반도, 대만, 일본을 핵으로 하는 동아시아 공동체)과 북극권(Polario: 아메리카·러시아 연합체)을 향한 블록화 재편이 행해진다는 거대 규모의 예측을 하고 있다.[7]

---

6) Lawrence Taub, *The Spiritual Imperative: Sex, Age, and the Last Caste*, Clear Glass Press, 1995, p.45.
7) '동아시아 공동체' 구상은 현재 이미 일본이 취할 수 있는 유망한 외교적 옵션으로 논의되고 있다. 예컨대 모리시마 미치오森嶋通夫(1923~2004)의 『일본이 할 수 있는 것은 무엇인가—동아시아 공동체를 제안한다日本にできることは何か—東アジア共同体を提案する』(이와나미서점, 2001)나, 타니구치 마코토谷口

토브의 이 포괄적인 미래 예측 중에서 나를 가장 놀라게 한 것은 그가 21세기 중엽에 "북미에서 일어나는 반유대주의의 격화"를 예언하고 있다는 점이다. 토브는 이렇게 쓰고 있다.

"미국에서 일어날 미래의 폭동은 전에 없던 반유대주의적인 것이 되리라. 우발적이 아니라, 보다 조직적인 것이 된다. 이는 게토를 넘어 인접 지역이나 유대인이 활동하는 지역으로까지 확대되고, 이윽고 테러의 형태를 포함하게 된다. 요컨대 미국형 포그럼이 된다는 의미이다. (……) 흑인과 백인의 반유대주의적 폭력이 일단 격화되면, 경찰이나 행정 당국은 이를 저지하려 하지 않는다. 설사 범인을 체포하여 재판에 회부해도 배심원은 대단치 않은 죄로 판결하여 석방한다. 일반 대중은 제정 러시아나 나치 독일에서와 마찬가지로 포그럼의 확대를 우두커니 좌시하든지, 그런 사태는 눈에 들어오지 않는다는 가식적 태도를 취하든지 둘 중 하나이다. 사람들은 유대인보다도 오히려 박해자에 공감을 보낸다. 미국의 반유대주의는 그렇게 악화 일로를 걷게 된다."[8]

이렇게 쓴 토브 자신은 미국 태생의 유대인이다. 따라서 이 예언은 그 자신 또한 표적이 되는 배제의 폭력이 오히려 "영적으로

誠(1930~)의 『동아시아 공동체-경제 통합의 향방과 일본東アジア共同体―経済統合のゆくえと日本』(이와나미신서, 2004) 같은 책을 찾아볼 수 있다. 그러나 토브의 책이 나왔던 1995년에는 이런 구상은 오히려 황당무계한 이야기에 불과한 것으로 간주되었다.

8) Taub, 앞의 책, pp.198~199.

성숙을 달성하고 있는 시대"에 터져 나오리라고 말하는 것이다. 토브는 나아가 이렇게 말한다.

"반유대주의자는 흑인과 백인 실업자, 노숙자, 빈민, 하층 계급, 엘리트 코스에서 탈락한 중산 계급의 사회적 불만을 희생양인 유대인에게 향하게 만들어 피해 간다. 엘리트들은 반유대주의적 폭력을 저지하기는커녕 유대인, 흑인, 빈곤층 백인 등의 사이에서 벌어지는 괴리의 심화에 가담한다. 그들이 단결하여 엘리트들에게 반격해 오는 것을 막기 위한 고전적인 '분열 통치'의 룰이다."[9]

그리고 토브의 예언에 따르면, 박해받는 미국의 유대인들은 (과거 유럽에서 박해받은 유대인들이 그러했듯이) 이스라엘로 향하게 된다.

"다수의 미국 유대인이 이스라엘로 이주하면 미국과 이스라엘과 중동과 이주민 자신에게 커다란 영향이 발생한다. 미국에 대한 영향은 적어도 단기적으로는 어마어마한 것이 된다. (……) 미국 유대인의 활동 영역은 중규모 경제 부문(소매, 경공업, 금융, 미디어, 전문업)에 집중되어 있다. 따라서 유대인의 이민은 경제적·사회적으로 폭탄이 된다. 미국 경제는 그 역동성을 상실하고 영국, 캐나다, 호주와 닮게 된다."[10]

상당히 상세한 예언이지만, 내가 흥미를 갖는 부분은 그 '내용'

---

[9] 같은 책, p.199.
[10] 같은 책, p.199.

이 아니라, 그러한 미래 예측을 말하는 로렌스 토브라는 이 미국 유대인의 차분한 '어투'이다.

세계를 대표하는 '인권의 나라'에서 머지않아 반유대주의적 폭력이 격화된다고 전망하는 담담한 어조가 내게는 오히려 그 내용보다 충격적이었다. 토브의 미래 예측이 적중할지는 현재 그 여부를 논할 수 없다. 그러나 자기 자신이 박해의 당사자가 된다고 미래를 예측하는 어투의 냉정함은 실시간의 현재이며, 그 사실은 음미할 가치가 있다.

어째서 로렌스 토브는 "세계가 아무리 변하더라도, 반유대주의는 사라지지 않는다"고 자명한 사실처럼 말할 수 있을까? 이는 반유대주의가 표적으로 삼고 있는 '무언가'가 현실의 현상이 아니라, 환상적 차원에 존재한다는 사실을 아마도 유대인들 자신이 알고 있기 때문이다.

3. '과잉'의 유대인

그러면 옆길로 계속 빠져 보겠다.

나는 대학 강의 초두에 '유대인이 극히 활동적인 분야에 관한 기초적인 정보를 학생들에게 제공했다. 이스라엘 정부 웹페이지의 '노벨상' 항목과 『유대 백과사전』의 '영화' 항목과 마치야마 토모히로町山智浩(1962~)[11]의 블로그에 게재된 '유대계 록의 전당'

---

11) 영화평론가, 칼럼니스트-역주.

에 관한 엔트리를 참고한 배포물이었다.

1901년부터 시작된 노벨상 수상자 통계를 보면, 자연 과학 분야에서 나타나는 유대인의 돌출상을 알 수 있다. 2005년도까지 생리의학상의 유대인 수상자 수는 48명(182명 중), 물리학상은 44명(178명 중), 화학상은 26명(147명 중)이다. 각각 26, 25, 18퍼센트에 해당한다. 유대인은 세계 인구의 불과 0.2퍼센트를 점하고 있으므로 이는 아무리 생각해도 '이상한' 수치이다.

물론 유대인과 비유대인 뇌의 해부학적 구성의 차이는 존재하지 않는다(차이가 있다고 증명하려 한 인류학자들은 바셰 드 라푸주 이래 다수 있으나, 아무도 성공하지 못했다). 그렇다면 통계적으로 유의미한 이러한 차이는 교육 제도의 차이에서 초래된 것이라고 보는 것이 보통의 생각일 터이다. 그러나 유대인들은 각자가 속한 사회의 교육 제도에 편입되어 있으며, 학교를 통해 '민족적인 교육'을 받을 기회를 향수하고 있지 않다. 그럼에도 이 이상한 수치는 민족적인 방식으로 계승된 어떤 사고 유형이 존재한다는 점을 가정하지 않고서는 설명할 수 없다.

다만 영화계에서 나타나는 유대인의 존재감에 관해서는 조금 설명할 필요가 있다. 앞서도 썼듯이, 19세기 말에 유럽에서 미국으로 이주해 온 유대인들에게 기존 업계는 문을 열어 주지 않았으며, 그들이 새로이 진출할 수 있는 업종은 금융이나 유통이나 미디어나 쇼비즈니스라는 '니치 비즈니스Niche business(틈새 사업)'에 제한되었기 때문이다. 초창기의 할리우드 자본은 거의 유대인이 점하고 있었다.

메이저 7개 사(20세기폭스, MGM, 파라마운트, 워너브라더스, 컬럼비아, 유니버설, 유나이티드아티스츠) 중 6개 사는 유대인이 창업한 회사이며, 유일한 예외인 유나이티드 아티스츠 또한 중심 멤버는 유대인인 찰리 채플린이었다.

영화감독으로 이름을 꼽을 수 있는 유대인으로는 에리히 폰 슈트로하임Erich von Stroheim(1885~1957), 요제프 폰 스턴버그Josef von Sternberg(1894~1969), 윌리엄 와일러Wilhelm Weiller(1902~1981), 빌리 와일더Billy Wilder(1906~2002), 존 프랑켄하이머John Frankenheimer(1930~2002), 로만 폴란스키(1933~), 오토 프레밍거Otto Preminger(1906~1986), 리처드 브룩스Richard Brooks(1912~1992), 스탠리 크레이머Stanley Kramer(1913~2001), 윌리엄 프리드킨William Friedkin(1935~), 스티븐 스필버그(1946~), 우디 앨런(1935~), 멜 브룩스Mel Brooks(1926~), 데이비드 크로넨버그David Cronenberg(1943~) 등이 있다. 배우로는 찰리 채플린, 막스 형제로부터 폴레트 고다드Paulette Goddard(1910~1990), 캐리 그랜트Cary Grant(1904~1986), 앨 존슨Al Johnson(1948~), 에드워드 로빈슨Edward G. Robinson(1893~1973), 로드 스타이거Rod Steiger(1925~2002), 커크 더글러스Kirk Douglas(1916~), 마이클 더글라스Michael Douglas(1944~), 진 해크먼Gene Hackman(1930~), 토니 커티스Tony Curtis(1925~2010), 피터 포크Peter Falk(1927~), 로렌 바콜Lauren Bacall (1924~), 월터 매튜Walter Matthau(1920~2000), 더스틴 호프먼Dustin Hoffman(1937~), 폴 뉴

먼(1925~2008), 바브라 스트라이샌드Barbra Streisand(1942~), 리처드 드레이퍼스(1947~), 제프 골드블룸Jeff Goldblum(1952~), 나탈리 포트만Natalie Portman(1981~) 등이 있다. 영화 음악가로는 엘머 번스타인Elmer Bernstein(1922~2004), 버트 바카락Burt Bacharach(1928~) 등을 꼽을 수 있다.

동일한 이유로 음악계 또한 전통적으로 유대인이 많다. 클래식 음악가 중에 유대계 연주자가 점하는 비율이 비상하게 높다는 사실은 잘 알려져 있으나 팝 뮤직 또한 대단하다. 캐롤 킹Carole King(1942~), 필 스펙터Phil Spector(1940~), 빌리 조엘Billy Joel(1949~), 배리 매닐로Barry Manilow(1943~), 배트 미들러Bette Midler(1945~), 밥 딜런Bob Dylan(1941~), 폴 사이먼Paul Simon(1941~), 레니 크라비츠Lenny Kravitz(1964~), 이기 팝Iggy Pop(1947~ , 펑크록의 아버지—역주), 루 리드Lou Reed(1942~ , '벨벳 언더그라운드'의 보컬 및 기타리스트—역주), 데이비드 리 로스David Lee Roth(1954~ , '밴 헤일런'의 리드 보컬—역주), 진 시몬즈Gene Simmons(1949~ , '키스'의 베이시스트—역주), 마크 노플러Mark Knopfler(1949~ , '다이어스트레이츠'의 기타리스트—역주) 그리고 「하운드 독Hound Dog」으로 유명한 제리 리버Jerry Leiber(1933~)와 마이크 스톨러Mike Stoller(1933~), 비틀즈의 매니저였던 브라이언 엡스타인Brian Epstein(1934~1967) 또한 유대인이다.

문학에서도 철학에서도 우리는 유대인 목록을 얼마든지 길게 만들 수 있다. "캐롤 킹과 리버 & 스톨러 없는 미국 팝"을 상상할 수 없듯이, "마르크스와 프로이트와 후설과 레비나스와 레비스트로스와 데리다 없는 현대 사상"을 상상할 수 없다고 말하는 것으로 충분하다.

우선 이러한 리스트로부터 도출할 수 있는 것은 상당히 간단한 언명이다.

바로 "유대인들은 많은 영역에서 이노베이션을 담당해 왔다"는 점이다. 이 언명에 이의를 품을 사람은 없으리라.

그러나 중요한 것은 "많은 영역"이라는 말 앞에 "매우"를, "이노베이션"이라는 말 앞에 "대단히 빈번하게"라는 단어를 삽입할 필요가 있다는 사실이다.

우리가 문제로 삼고 있는 것은 어디까지나 '정도의 차이'이지만, '정도의 차이'라고 말하고 끝내기에 유대인이 관계해 온 문화적 영역이 너무나도 광대하며, 그들이 성취해 온 이노베이션이 너무나도 다종다양하기 때문이다.

이 '과잉성'을 설명하기 위해 "유대인을 이노베이티브한 집단으로 만드는 지적 전통이 존재한다"는 가정을 받아들이는 것은 상당히 매혹적이다. 그러나 우리는 그 지적 전통이 어떻게 계승되어 왔는지를 말할 수 없으며, 그 '전통'이 구체적으로 어떠한 것인지도 말할 수 없다. 그런데 그것이 어떠한 능력 배양에 도움이 되어 왔는지라면, 현 단계에서도 말할 수 있다.

유대인들이 민족적인 규모로 개발하는 데 성공했던 것은 '자신이 현재 사용하고 있는 판단 구조 자체를 의심하는 힘과 "나는 결국 나에 지나지 않는다"라는 자기 제약성을 불쾌하게 느끼는 감수성'이다.

그 밖에도 여러 가지 표현이 있을 수 있겠지만, "칼 마르크스와 그루초 마르크스와 지그문트 프로이트와 클로드 레비스트로스와 에마뉘엘 레비나스와 캐롤 킹과 우디 앨런에게 공통되는 지적 자산을 2백 자 이내로 서술하시오"라고 질문을 받는다면 (아무도 그런 질문을 던지진 않겠지만) 나라면 일단은 그렇게 대답하겠다.

이노베이션은 요컨대 '그러한 것'이 가능한 사람이 성취하는 것이다.

이처럼 '이노베이티브'한 지적 자산은 보통의 경우 장기적이고 집중적인 개인적 노력에 의해서만 발현된다(따라서 물론 비유대인 중에서도 그러한 지적 자산 개발에 성공한 사람은 많다). 유대인의 두드러진 특징은 비유대인이 개인적 노력을 통해 단련하는 그 지적 자산의 개발을 집단적으로 행하는 듯이 보인다는 점이다.

"이노베이션을 위한 지적 자산을 집단적으로 개발하는 기술" 따위가 있을 수 있을까? 대체 "민족적인 규모로 이노베이티브한 집단" 따위가 있을 수 있단 말인가?

아마 양쪽 다 가능한 이야기일 것이다.

"있을 수 있다"고 생각하지 않는다면, 이야기는 여기서 끝난다(여기서 이야기가 끝나더라도 아무도 상관하지 않겠지만, 나로서는 난처해진다).

물론 반론은 있을 것이다. 보통의 경우 '이노베이션'이란 집단

내의 소수가 담당하는 활동이다. '이노베이터'란 소수자 내지 이단자라는 의미와 거의 동의어이다.

"소수자만으로 구성된 집단"이라든지 "이단자들만으로 된 집단"이란 형용 모순이다. 이단자란 ('외눈박이 나라'에 사는 '두 눈을 가진 사람'과 마찬가지로) 그가 속하는 집단에 '동류가 거의 없는' 사람을 가리키는 말이다. 이단자성의 규정은 "세계관이나 인간관을 함께 나누는 동류가 없다"는 양적인 사실에 불과하며, 구체적으로 규정할 수 있는 '이단자로서의' 어떤 특성이 그 안에 내재하고 있는 것은 아니다.

그럼에도 "민족적인 규모로 이노베이티브한 집단"이 존재할 수 있다고 한다면, 이를 만족시키는 조건은 아마도 다음과 같은 것밖에 없다(나는 이것밖에 떠오르지 않는다).

유대인에게는 '당연한 것'을 비유대인이 '이노베이티브'한 것으로 간주하고 있다는 것이다.

어떤 사회 집단에 '당연한 행동'을 다른 집단이 '특이한 행동'으로 간주하는 것은 별로 드문 경우는 아니다. 예컨대 우리 같은 동양인들은 프랑스나 이탈리아를 여행할 때 '유럽의 젊은 여성 중에는 그리스 조각과 같은 미인이 상당히 많다'는 사실에 압도된다. 이는 우리가 표준으로 삼는 방식이 잘못된 것으로서, 그쪽의 룰을 미인의 정의로 무비판적으로 수용함으로써 일어나는 일종의 '오해'에 지나지 않는다. 유럽인은 단순히 '자신들의 사회 집단에서 가장 표준적인 풍모'를 '아름다움'이라고 카테고리화했을 뿐이다.

자기 집단의 '표준적 속성'을 '희소한 선천적인 특성'이라고 간주하는 행동은 전형적인 자민족 중심주의적 행동이며, 세계의 모든 민족 집단이 행하고 있는 일이다. 그들에게는 다른 집단에 속한 사람들이 그것을 '희소한 선천적 특성'이라고 간주하는 판단에 반드시 동의해 주지 않는 것이 오히려 문제이다.

그리스적 '미'는 어떤 민족 집단의 '표준적 속성'이 국제적인 공통성을 취득한 일례이다. 이와 동일한 말을 '지성'에 관해서도 할 수 있다면 어떻게 될까? 유대인에게 '표준적인 속성'을 비유대인이 '예외적인 선천적 특성'이라고 간주하게 된다면…… 내 상상은 이제부터 폭주하기 시작한다.

유대인들은 어떤 계기를 통하여, '민족적 기습'으로서 "자신들의 사고·판단의 근거가 되는 그 사고·판단 구조 자체를 회의하고, 자신은 이미 자기 동일적으로 자신이라고 하는 자기 동일률에 대하여 불쾌감을 느끼는 태도"를 그들의 '표준적인 지성 습관'으로 수용하였다.

대체 어떠한 역사적 경위를 통해 그러한 민족적 합의에 도달하게 되었는지 나는 상상조차 할 수 없다. 상상할 수 없더라도, 그렇게 가정하는 것 이외에는 설명할 방도가 없다.

우리들이 알고 있는 것 중 하나는 인간이란 어떠한 종류의 지적 습관에도 익숙해질 수 있는 터프한 생물이라는 점이다.

끊임없는 악마의 유혹이 올바른 선택을 그르치게 만든다는 신앙을 가지는 것은 상당한 스트레스이고, 자신의 일거수일투족이

우주의 파멸과 연결되어 있다는 숙명관을 가지는 것에도 많은 고통이 따르며, 공산주의 스파이가 이웃집에도 사무실에도 정부 내부에도 출몰한다고 믿으면서 사회생활을 영위하기란 견디기 힘들고 불쾌하다. 하지만 심신을 달래기보다 오히려 피폐하게 만드는 유형의 '이야기'를 받아들이면서도 오랜 기간 살아남아 온 사회 집단은 무수히 존재한다. 그러므로 일종의 지적 고문을 견디는 능력을 구성원의 자격 조건으로 채택한 사회 집단이 있다고 해도 나는 이상하게 여기지 않는다.

만약 그러한 집단이 존재할 경우, 그들이 강박적인 방식으로 일으킨 수없는 '이노베이션'은 주위 사람들을 압도하게 될 것이다. 지독한 두통을 일으키는 지적 고문을 성무일과Liturgia Horarum처럼 숙연하게 받아들이는 생활 방식에 주위 사람들은 두려움보다는 오히려 혐오감을 느낄지도 모른다. 그들의 지적 노력 전부가 주위 사람들에게는 "스스로를 회의하라, 삶의 방식을 개선하라, 질서를 무너뜨리고 어지럽혀라, 지금 존재하는 것을 부정하라"는 위압적, 교화적인 메시지처럼 들려 귀를 막고 싶어질지도 모른다.

위와 같은 상황이 있었을지도 모른다. 우선은 '만약'의 이야기를 해 보자.

만약 그와 같은 종류의 지적 고문을 견디는 능력을 집단 구성원의 자격 조건으로 채택한 집단이 있다면, '상당히 이노베이티브한 집단'이라고 불리게 될 것이다. 만약 그러한 지적 고문에 견디는 능력을 '유대적 지성'이라 부른다면, 이는 이미 동어 반복을 범하는 것이 된다.

따라서 '만약'이라는 상정으로부터 도출되는 상상적 결론은 다음과 같은 놀라운 것이 된다.

유대인이 특별히 지성적인 존재가 아니라, 유대인에게는 표준적인 사고 경향을 우리들이 인습적으로 '지성적'이라고 부르고 있다는 사실이다.

4. 최후의 물음

『사가판 유대문화론』의 마지막 장까지 와서 우리는 "유대인은 어째서 그 정도로 지성적인가?"라는 피할 수 없는 곤란한 질문 앞에 서게 되었다.

이 질문의 대답을 나는 두 가지 알고 있다.

널리 알려진 것으로는 세 가지가 있으나, 세 번째 대답은 논의의 대상이 되지 않는다. 그것은 "그들의 범상치 않은 지성은 유전 질환과 같은 것으로서, 유대인들 안에 기질적으로 내재되어 있다"는 설명이다. 이 반유대주의적 대답을 음미할 시간은 할애하지 않겠다. 우리가 검증할 것은 두 가지 설명 가능성뿐이다.

첫 번째 대답.

유대인의 "범상치 않은 지성"은 민족 고유의 상황이 유대인에게 강제한 사고 습관, 즉 역사적으로 구성된 특성이다.

사바나의 초식 동물이 육식 동물에 포식당하지 않기 위해 시력이나 다리 힘을 발달시킨 것과 마찬가지로, 유대인들은 반유대주의자들에게 '포식'당하지 않도록 비즈니스 마인드나 학술적 재능을 '부득이하게' 선택적으로 향상시켰다. 이것이 현재 '정치적으로 올바른' 유일한 대답이다. 이 사회구성주의를 대표하는 사람이 이미 보았듯 사르트르이다. 그는 유대인에게 고유의 사고 관습이 존재한다는 사실은 인정하면서도, 그에 대해 어떠한 주체성도 인정하지 않았다. 그 점에서 사르트르는 철저했다. 그 지론의 옳고 그름에 관해서는 나중에 언급하겠다.

두 번째 대답.

유대인의 "범상치 않은 지성"은 민족 고유의 성사적 숙명으로 인해 그들이 습득하고 배양할 수밖에 없었던 특이한 사고방식의 결과물이다.

유대인의 '성사적 숙명'이란 '모든 국민들'에 앞서서, '모든 국민들' 이상으로 수난을 받는다는 점을 가리킨다.

역사를 넘어 모든 시대, 모든 장소에서 유대인은 박해를 받아왔다.

『출애굽기』의 파라오, 바빌론 유수의 네부카드네자르 2세(기원전 605~562), 『에스델기』의 하만과 같은 고대의 폭군에서 히틀러와 스탈린에 이르기까지, 유대인에게는 무수한 박해자가 있었다. 그들의 폭력이 조준한 목표는 유대인이 저마다의 사회에서 수행했던 역사적인 역할이 아니라 유대인들이 초역사적인 방식으로 체현하고 있는 '평범하지 않음'이다.

유대인에게 어떠한 지적 탁월성이 있다면, 그 원인은 이 '평범하지 않음'을 자신의 역사적 숙명으로서 주체적으로 떠맡았다는 사실에서 찾아야 한다.

나 자신은 이 두 번째 대답에 강하게 끌린다. 그 까닭은 내가 '스승'으로 존경하는 에마뉘엘 레비나스가 그렇게 가르쳐 주고 있기 때문이다.

'홀로코스트' 이후 많은 유럽 지식인들은 '사랑의 종교'인 기독교가 2천 년에 걸쳐 교화 개명시키고, 근대적인 휴머니즘이 풍성히 개화시킨 유럽 세계에서 어떻게 '이런 일'이 일어났는지를 자문했다. 사르트르의 반유대주의론은 그러한 자문에 대답하기 위한 시도의 하나이다. 경건한 기독교도들이자 근대적인 휴머니스트들이 대량 학살자라는 사실을 조금의 거리낌도 없이 단언했다는 점에서 사르트르는 당대 유럽의 지식인 중에서도 가장 대담한 사람 중 하나였다. 그 점에서 나는 사르트르를 높게 평가한다.

그러나 레비나스는 "유대인은 반유대주의자가 만들어 낸 사회 구성적 존재이다"라는 사르트르의 사고방식을 단호히 물리치고 다음과 같이 썼다.

"유럽의 유대교도에게 1933년부터 1945년에 걸친 세월이 어떠한 것이었는지를 생각해 주시기 바랍니다. 그 시대에 고난을 겪고 죽음을 경험한 수백만의 사람들 중에서 유대인은 신으로부터 완전히 버림받았다는 예외적인 경험을 겪었습니다. 유대인은 사물보다도 훨씬 열등한 지위를, 완전한 수동성이라는 경험을, '수난'의 경험을 맛보았습니다. 『이사야서』 53장에 쓰여 있는 내용이 그대로 그들의 신변에서 일어났습니다. (……) 유대인의 고통은 철저하게 인종적인 박해라는 고유의 형태를 취했습니다. 인종적 박해란 그 의도 자체부터 모든 도주를 불가능하게 하고, 모든 개종 시도를 사전에 봉쇄하고, 모든 자포자기를, 어원적인 의미 자체에서의 배교를 금지시키고, 궁극적인 자기 동일성으로 소환된 존재자의 무구성 자체를 맹렬하게 공격하기 때문입니다. 이스라엘은 또다시 세계 종교사의 중심에서 자신의 모습을 발견한 것입니다."12)

반유대주의는 유대인을 자신의 "궁극적인 자기 동일성"으로 소환한다고 레비나스는 쓰고 있다. 그 점에서 유대인은 "그들에게만 가해진 특별한 증오"에 의해 박해받았다고 말하는 노먼 콘과 레비나스는 일치를 보인다.

'홀로코스트'는 자칫 잊을 뻔했던 성사적 소명을 유대인들에게 상기시켰다.

"6백만 유대인—그중 1백만 명은 어린아이들이었다—의 수난과 죽음을 통해, 우리의 세기 전체로도 속죄할 수 없는 기나긴 벌이 시작되었다. 이는 다른 인간에 대한 증오이다. 이는 개시開示이자, 묵시였다. (……) 또다시 이스라엘은 성서에 기록되어 있는 그대로 만인의 증인이 되었고, 그 '수난'으로 인해, 만인의 죽음을 재원으로 삼아, 죽음의 말로까지 나아가도록 소환되었다."13)

---

12) Emmanuel Lévinas, 'Une Religion d'Adultes', *Difficile Liberté*, Albin Michel, 1963, p.25(강조는 인용자).

13) Lévinas, *L'Arche*, 1981, juin(강조는 인용자).

레비나스는 유대인의 수난을 우발적인 재앙이라고 생각하지 않는다. 그것은 유대인이 이 세계에서 수행해야 할 민족적인 책무로 인한 필연적인 일이다. 그 책무를 위해 유대인은 모든 국민들 중에서 선택되었다.

'선택되었다'는 말을 '특권'이라는 용어로 해석해서는 안 된다. 레비나스의 글을 보면 그것은 '책임'이라는 용어로 이해되어야 한다.14)

"선택은 특권으로 구성되어 있는 게 아니다. 그것은 책임으로 구성되어 있다. (……) '나'에게는 다른 모든 사람들에 대한 도덕적 책무가 부여되어 있다. 도덕성에 관한 근원적 직감이란 필시 나는 타자와 동등한 자격을 가진 사람이 아니라는 점을 깨닫는 것이다. 나는 타자에 대해 책무를 지고 있다고 느끼는 것이다. 따라서 나는 나 자신에 대해서 다른 사람들에 대해서보다 훨씬 많은 것을 요구하게 된다."15)

"나 자신에 대해서 다른 사람들에 대해서보다 훨씬 많은 것을 요구하는" 인간, 레비나스는 그런 인간이 될 것을 유대인에게 요구한다.

유대인은 비유대인보다도 세상의 불행에서 더 많은 책임을 떠맡아야 한다. 이를 위해 신은 유대인을 선택했기 때문이다.

---

14) Lévinas, *Difficile Liberté*, p.195.
15) 같은 책, p.39.

레비나스는 '성스러운 백성'에게 과대한 요구를 들이민다.

"성성聖性이란 대체로 타자에게 최우선권을 양보해야 한다는 확신 속에 존재합니다. 이는 열린 문 앞에서 '먼저 들어가십시오 après vous'라고 말하는 데서부터 시작하여, 타자를 위해, 그를 대신하여 죽는 것(이는 극히 힘든 일이나, 성성은 이를 요구하고 있습니다)까지도 포함합니다."[16]

스스로를 '신에게 선택된 백성'이라고 믿으며, 스스로를 '성스러운 백성'이라고 믿는 신앙자 집단은 세계 어디에나 존재한다. 하지만 '구원'의 우선권을 보증하기는커녕 오히려 타자 대신에 '만인의 죽음을 죽으라'고 요구하는 신을 믿는 집단은 극히 드물다.

'유대적 지성'이란 그들의 신이 요구하는 가혹한 부조리와 관계가 있다. 이 부조리를 받아들여 '삼켜 넘기기' 위해서 그들은 특정한 지적 성숙을 부득이하게 행했기 때문이다.

사르트르적인 사회구성주의의 입장을 택하든, 레비나스적인 '선택'의 해석을 택하든, 양쪽 모두 유대인 측에는 '유대인이라는 사실'을 주체적 결의에 기초하여 선택할 권리가 없다는 점에서는 동일하다.

사르트르에 따르면 "유대인이란 다른 사람들이 '유대인'이라고 생각하고 있는 인간"이며, 레비나스에 따르면 그 사람들은 "신이 '나의 백성'이라고 생각하는 인간"을 말한다. 두 사람의 유대인 정

---

16) François Poirié, *Emmanuel Lévinas*, Babel, 1992, p.105.

의는 전혀 닮지 않은 것 같지만, 한 가지 공통점은 있다.

바로 유대인이란 일종의 사후 작용[17]이라는 것이다.

유대인은 언제나 자기 자신에 대한 정의에서 이미 누군가에게 선수를 빼앗기고 있다. 사르트르에 따르면, 유대인은 자신이 어떤 사람인지를 주체적인 '명명'에 의해서가 아니라 반유대주의자들의 '호명'에 의해서만 알 수 있다. 레비나스에 따르면, 성사상의 유대인이 입에 담은 최초의 말은 "저는 여기에 있습니다Me vioci"[18]라는 대답의 말이다.

양쪽 모두 유대인은 '나중에 호명된', '나중에 부름을 받은 자'라는 자격을 가지며, 레비나스의 술어를 빌려 말하면 "시원의 사후

---

[17] 프로이트가 『과학적 심리학 초고』(1896)에서 'Nachträglichkeit'라고 명명한 현상. 엠마라는 소녀에게는 상점을 제대로 들어가지 못하는 트라우마가 있었다. 엠마는 몇 달 전인 12세 때 옷가게 점원이 자신을 보고 웃자, 묘한 흥분과 수치심을 느끼곤 도망치듯 가게 밖으로 뛰쳐나왔다. 그 이후로 엠마는 다른 상점에도 들어갈 수 없게 되었다. 옷가게 점원이 웃었다는 이유만으로는 자신의 이러한 트라우마에 관해서 아무것도 설명되지 않았다. 그런데 엠마에게는 과거에 다른 사건이 있었다. 8세 때 사탕가게에 간 적이 있었다. 사탕가게의 주인이 웃으면서 엠마의 성기를 만졌던 것이다. 8세 때에는 사회적 성의식이 없었던 탓으로 사건의 의미가 의식되지 않은 채 은폐되었다. 이렇게 잠재된 기억이 12세 때의 사건을 통해 환기되었고, 그것이 성추행이라는 수치심과 상처를 불러일으켜 다른 상점에도 갈 수 없게 만든 것이었다. 사후 작용이 말하는 바는 뒤늦게 혹은 사후에 과거의 의미가 밝혀지고, 그로 인해 현재도 새롭게 정의된다는 것이다—역주.

[18] 아담이 선악과를 먹고 숨어 있을 때, 신이 아담의 이름을 부르며 그를 찾는다. 그리고 아담이 인간으로서 처음으로 한 말은 "여기에 있습니다"라는 대답이었다—역주.

성initial après-coup"19)을 강제받은 채 역사에 등장한다.

매번 사후에 세계에 등장하는 자.

이것이 유대인의 본질 규정이다. 적어도 사르트르와 레비나스라는 20세기를 대표하는 철학적 지성이 유일하게 유대인에 관해 의견이 일치하는 지점이다. 바로 이 "시원의 사후성"에 대한 깨달음이야말로 '유대적 지성'(이라기보다는 '지성 그 자체')의 기원인 것이다(아마도).

5. 사르트르의 모험

나는 사르트르와 레비나스를 비교하며 사르트르가 가진 논리의 결점을 강조하여 "사르트르는 틀렸다"고 말하고 싶은 게 아니다. 오히려 사르트르는 옳다. 거의 언제나 옳다. 따라서 지금은 주목하는 사람이 없는 이러한 유대인론에서도, 사르트르는 다른 어떤 비유대인 사상가보다도 문제의 본질에 정면으로 육박하고 있다.

그러나 그럼에도 사르트르의 유대인론과 레비나스의 유대인론 사이에는 문자 그대로 '천 리 길의 거리'가 가로놓여 있다. 나는 이 차이가 사르트르의 통찰이 부족한 탓이라고는 생각하지 않는다 (우리는 통찰에서 사르트르보다 뛰어난 지성을 거의 상상할 수 없다). 그렇다기보다는 비유대인이 유대인 문제를 논할 때의 틀 자

---

19) 프로이트의 '사후 작용'을 자크 라캉이 처음으로 'après- coup'라고 프랑스어로 번역했다―역주.

체에 이 '차이'가 구조적으로 삽입되어 있다고 생각한다.

사르트르에 의하면, 유대인은 100퍼센트 '상황적인 존재'이며, 유대인에게는 '그가 유대인이라는 사실'에 대해 어떠한 책임과 권한도 없다. '유대적'이라 불리는 모든 민족적 특성은 반유대주의자가 유대인에게 붙인 딱지이다. 따라서 반유대주의가 역사적 존재 이유를 잃을 때, 유대인 또한 동시에 소멸되어야 한다.

이는 '유대적 민족성'이라고 일컬어지는 것들이 존재하지 않는다는 말이 아니다. 반유대주의자가 '유대적 기질juiverie'이라고 열거하는 것들은 분명히 존재한다. 하지만 그 모든 것은 역사적으로 주어진 조건에 의해 규정되어 물질화된 것이며, 역사적 요인이라는 입력이 없다면 존재했을 리가 없는 것이다.

"이스라엘의 아들들을 묶고 있는 것은 그 과거도, 그 종교도, 그 토지도 아니다." 그것은 그들이 공유하는 '상황'이다.[20]

사르트르는 '상황'에 의해 유대인에게 부여된 민족적 특성을 허심탄회하게 열거한다.

지성, 근면, 이성주의, 보편적 진리를 향한 열정, 근대적 소유 형태에 대한 고집 등. 하지만 이러한 것들은 모두 반유대주의자가 '그곳'에 놓아둔 것이며, 유대인이 본래 가지고 있던 것도, 만들어 낸 것도 아니다. 반유대주의를 통해 매개되지 않고 유대인 내부에 사전에 존재하는 것은 아무것도 없다. 그런데도 어떠한 중립적인

---

20) Sartre, 앞의 책, p.8.

형질이건 일단 유대인의 소유가 되면, 그것은 '유대인성'이라는 돌출된 징후로서 해석 가능해진다.

"반유대주의자는 유대인이 지성적이며 근면하다는 사실을 기꺼이 인정한다. 자신이 열등하다는 것조차 인정할 것이다. 그 정도의 양보는 그들에게는 조금도 언짢은 일이 아니기 때문이다. 그러한 선천적 특성을 반유대주의자는 괄호 속에 넣어 버린다. 그리고 그러한 선천적 특성을 몸에 지닌 사람이란 본래부터 자신의 고유한 가치가 모자란 인간이라고 해석한다."[21]

이 분석은 반유대주의자가 취하는 미묘한 뺄셈의 논리를 훌륭하게 표현하고 있다. 지성적이고, 교양이 풍부하고, 예술적 감각이 뛰어나고, 권력을 지니며, 부유하다는 등등의 선천적 특성을 유대인이 아무리 갖추려고 해도, 바로 그 '선천적 특성을 풍부하게 갖추고 있다'는 사실이야말로 그러한 특성을 과잉으로 갖추지 않는 한 자기 집단의 정회원으로 인정해 주지 않는 유대인의 본질적인 극빈성을 노출한다는 것이 반유대주의자의 해석이다.

유대인은 비유대인보다 많은 노력을 해야 비유대인과 동격으로 취급받을 수 있는 핸디캡의 존재로서 정의된다. 이 정의는 "모든 도주를 불가능하게 한다." 왜냐하면 유대인은 비유대인보다 갑절로 노력하여 비유대인이 가지지 못한 선천적 특성을 몸에 지니고, 이를 통해 자진하여 '자신의 극빈성'을 드러내고 말기 때문이다.

---

21) 같은 책, pp.24~25.

유대인은 자신이 유대인이라는 점을 부정하는 극히 쓸데없는 행동을 하여, 자신이 유대인이라는 점을 폭로하는 존재로서 구조화되고 있다. 사르트르는 이렇게 쓰고 있다.

"유대인은 용감한지 비겁한지를 선택할 수 있으며, 비통한지 쾌활한지를 선택할 수 있으며, 기독교도를 죽일 수도 사랑할 수도 있다. 하지만 자신이 유대인이 아닐 수 있다는 것만큼은 선택할 수 없다. 만약 그가 그 길을 택하여 유대인이란 건 존재하지 않는다고 선언하더라도, 그 자신 안의 유대인성을 폭력적으로, 절망적으로 부인하더라도, 바로 그 행동을 통해 그는 유대인이 되는 것이다. (……) 유대인이 '유대 민족은 존재하지 않는다'고 결정하더라도 그 입증 책임은 유대인에게 돌아간다. 유대인이라 함은 유대적 상황 속에 던져져, 버림받고 있다는 것을 뜻한다."[22]

반유대주의자가 유대인을 추궁할 때 사용하는 논리의 마술성은 바로 여기에 있다. 유대인은 자신의 유대인성을 부정함으로써 유대인성을 노출한다(그런 행동을 하는 사람은 유대인밖에 없기 때문이다). 한편 반유대주의자는 자기 자신에 관해서 어떤 것도 말할 필요가 없으며, 어떤 것도 논증할 필요가 없다.

"반유대주의자는 자만하지 않는다. 그는 자신을 중립적인 인간, 중간에서 조금 처진 인간, 있는 그대로 말하면 제법 악한 쪽에 속한 인간이라고 생각하고 있다. 반유대주의자가 자신은 유대인보

---

[22] 같은 책, p.108(강조는 사르트르).

다 개인적으로 우월하다고 주장한 예를 나는 본 적이 없다. 그러나 그는 그 점에 대해 부끄러워하지 않는다. 그는 그 상태에 만족한다. 그는 스스로 그 상태를 선택했기 때문이다."23)

반유대주의자는 '만족한' 인간이며, 그러한 인간임을 "스스로 선택했다."

여기에 유대인과 비유대인을 가르는 결정적인 경계선이 있다.

반유대주의자란 자신이 어떠한 존재인지 과도할 정도로 뿌리 깊게 확신하고 있기 때문에 그에 관해 생각할 필요가 없는 사람을 가리킨다(이는 '부자'의 정의가 '돈에 관해 생각할 필요가 없는 사람'인 것과 같다). 반유대주의자는 자기 자신이 누구인지, 사회에서 어떠한 사회적 기능을 수행하고 있는지, 타자와 어떤 식으로 관계를 맺고 있는지, 자신에게는 어떠한 역사적 사명이 의탁되어 있는지 등을 전혀 생각할 필요가 없다. 그는 '여기'에 있다는 사실을 통해 이미 '여기'에 있을 권리를 확보하면 그만이다. 따라서 그는 어느 누구에 대해서도 책임을 지지 않는다. 자신이 '여기'에 있는 이유나 의미에 관해, 그는 생각할 필요가 없다. 단적으로 말해 그는 '사고' 자체를 필요로 하지 않으며, 어느 누구도 그에게 이를 요구하지 않는다.

"반유대주의자에게 지성은 유대적인 것이다. 따라서 그는 지성을 (그 외에 유대인이 가지고 있는 다양한 탁월한 특성과 함께) 조

---

23) 같은 책, p.25.

용히 경멸할 수 있다. 그러한 탁월한 특성은 유대인이 자신에게 결여된 균형 잡힌 평범함(범용성)을 대신하기 위해 만들어 낸 가짜에 불과하다. 유서 깊은 이 땅, 이 국토에 깊게 뿌리내린 2천 년의 전통을 통해 자라고 조상의 기지를 가득히 승계하고, 눈보라를 견딘 관습에 따라 살아가는 진정한 프랑스인은 지성 따위를 필요로 하지 않는다."24)

원하는 바를 이미 가지고 있으므로, 새로운 어떤 것을 취득할 필요를 느끼지 않는 '균형 잡힌 평범함' 속에 자족하는 사람. 사르트르는 반유대주의자의 초상을 그렇게 그려 냈다(우리들은 모레스 후작에게서 그 초상을 거의 그대로 볼 수 있다).

그러나 이는 또한 사르트르가 그리는 '마땅히 그래야 할 인간'의 모습과는 거리가 먼 초상이라고 보아야 한다.

인간은 상황에 몸 던짐으로써 자신의 속성 전부를 주체적으로 구성할 수밖에 없다. 역사적 상황과의 상호 규정을 통해 구성되지 않는 속성이란 존재하지 않는다. 사르트르의 실존주의란 바로 그러한 가르침이었다. 그렇다면 반유대주의자는 실존주의적으로 제로임을 주체적으로 선택한 인간이라는 말이 된다.

그렇다면 뒤집어서 유대인이야말로 그 말의 참된 의미에서 '실존주의자'라는 이야기가 되지 않는가?

왜냐하면 본질적으로 극빈한 유대인은 자신의 자기 동일성을

---

24) 같은 책, p. 26(강조는 사르트르).

실존적인 노력으로 구성해야 하는, 그럼에도 그렇게 하여 취득한 것마다 매번 무가치한 것이라는 선고를 받아 새로운 취득 목표를 향해야 하는 경쟁에 몰아 세워지기 때문이다.

나는 나라는 단순 명쾌한 사실 속에서 느끼는 평온함을 유대인은 결코 허락받지 못한다. 그들은 "나는 누구인가, 어떠한 사회적 기능을 수행하고 있는가, 타자와 어떻게 관계하고 있는가, 어떠한 역사적 사명을 부여받고 있는가……"라는 물음에, 그 물음에만 거의 모든 사고를 집중시켜야 한다.

"유대인은 단순히 행동하고 그냥 사고할 수 없다. 유대인은 행동하는 자신을 주시하고, 사고하는 자신을 주시한다. (……) 유대인이 내적 반성을 통해 찾아내고자 하는 것은 보통의 인간이 아니라 유대인이라는 점인데, 그들이 그렇게 행동하는 까닭은 유대인을 부인하기 위해서이다. (……) 그 점을 통해서도 유대인이 종종 자기 자신을 웃음거리로 삼는 저 유대적 자조와 같은 특수한 기질이 설명된다. 이는 스스로를 밖으로부터 바라보려 하는 끊임없는 시도이다."[25]

유대인은 행동하는 자신을 주시하고, 사고하는 자신을 주시하도록 저주받았다고 사르트르는 쓰고 있다. 그러나 그 저주는 본래 모든 인간에게 부여된 것이 아니었던가? 인간은 스스로 인간이 되는 것이 아니라, 타인으로부터 받는 승인을 우회하여 비로소 인간

---

[25] 같은 책, pp.117~118(강조는 사르트르).

이 된다('자기의식'은 오직 타자로부터 승인을 받은 후에만 존재한다)고 쓴 사람은 헤겔이 아니었던가?

그렇다고 한다면, 유대인은 그들의 역사적 상황에 의해 (사르트르가 말하는 실존주의적인 의미에서의—역주) 본래의 인간성을 추구해야 하는 숙명을 부여받았다는 말이 된다. 사르트르는 바로 그렇게 쓴 것이라고 나는 생각한다.

"유대인은 모든 종류의 지식을 탐하듯 흡수하는데, 이를 중립적인 학구열과 혼동해서는 안 된다. 그 까닭은 유대인은 인간에 관한 모든 지식을 그러모아 만물에 관한 인간적 시각을 취득함으로써, '인간'이, 순수한 인간이, 보편적인 인간이 되고자 하기 때문이다. 유대인이 교양을 익히는 이유는 그들 안의 유대인을 파괴하기 위함이다."[26]

개별적·역사적인 민족성ethnicity이나 내셔널리티를 벗어 버리고 "본래의 인간성"을 목표로 하는 사람들은 모든 국민들 중에 오직 유대인뿐이다. 따라서 유대인은 "본래적인 인간이 되고자 하는" 바로 그 태도로 인해 그가 유대인이라는 점을 만천하에 드러내 버리고 만다.

유대인이 유대인일 때, 그는 유대인이다. 유대인이 유대인이 아니고자 할 때에도 그는 유대인이다. 유대인은 유대인이라는 점에 의해 벌을 받고, 유대인이 아니고자 함에 의해 벌을 받는다. 유대

---

[26] 같은 책, p.118.

인을 사로잡고 있는 이 '이중의 포박(더블 바인드)' 상황을 사르트르는 훌륭히 간파하고 있다.

하지만 그럼에도 나는 사르트르의 설명을 납득할 수 없다. 어째서 다름 아닌 유대인만이 그러한 출구 없는 상황에 모든 시대와 모든 장소에서 반복하여 처하게 되었는가라는 근원적인 물음에 사르트르는 결국 답하고 있지 않기 때문이다.

사르트르는 유대인 문제의 '기원'에 관해서는 불문에 붙인다. 그 대신에 유대인 문제의 '귀결'에 관해서는 극히 명쾌한 대답을 적어 두고 있다.

유대인은 반유대주의자가 만들어 낸 것이다. 따라서 반유대주의자를 일소한다면, 자동적으로 유대인도 일소된다. 지극히 단순한 논리이다.

반유대주의자가 시도해 온 것은 "사회의 계급적 분화에 저항하여, 국민적 통일을 실현하고자 하는 정열적 노력"이다. "서로 대립하는 적대 집단으로 인한 공동체의 와해를 방지하기 위해 집단 상호 간의 정열의 온도를 높여 집단 간의 벽을 용해하고자 했다."[27]

모든 사회 모순을 오직 하나의 근본적 모순으로 녹여 내고, '살아 있는 제물인 염소'로 모든 더러움을 덧칠하여 없애 버린다면, 사회는 원초의 청정 상태를 회복한다. 그렇게 생각하여 반유대주의자는 부자와 빈자, 무산 계급과 유산 계급, 현재적 권력과 잠재

---

27) 같은 책, p.180(강조는 사르트르).

적 권력, 도시민과 지방민 등의 모든 대립을 유대인과 비유대인의 대립으로 집약해 놓았다.

"말하자면 반유대주의는 계급 투쟁의 정신적, 부르주아적 표상의 하나에 불과하며, 반유대주의는 계급 없는 사회에서는 존재할 수 없다."[28]

이렇게 하여 사르트르는 유대인 문제의 해결 처방을 놀라울 정도로 간단히 얻게 된다.

"반유대주의자의 소멸은 사회주의 혁명으로 필요충분하다는 것 이외에 달리 표현할 어떠한 말이 있는가?"[29]

이 교조주의적 상투구만을 남기며, 사르트르의 유대인론은 갑자기 끝난다. 이 문장이 쓰인 이래 반세기가 흘렀고, 사르트르의 예견이 실현되지 않았음을 역사적 사실로서 알고 있는 우리들은 오늘 다시 이 결론에 대해 "달리 표현할 어떠한 말"도 가지고 있지 않다. '사회주의 혁명'은 있었지만, 반유대주의는 사라지지 않았다. '계급 없는 사회'는 있었지만, 반유대주의는 사라지지 않았다. 풍요로운 사회에서도, 빈곤한 사회에서도, 민주주의 사회에서도, 독재적 국가에서도 반유대주의는 사라지지 않았다. 반유대주의는 어떠한 역사적 상황 속에서도 되살아났다. 반유대주의를 '소멸시키는' 상황적 요건이 무엇인지 우리들은 여전히 알지 못한다(따라

---

28) 같은 책, p.181.
29) 같은 책, p.182.

서 '유대인'을 소멸시키기 위한 '민족 말살' 외에 어떠한 정치적 요건이 있을 수 있는지에 대해서도 여전히 알지 못한다).

결국 사르트르는 반유대주의의 기원에 관해서도 미래에 관해서도 내실 있는 말을 하지 못했다. 오직 "반유대주의가 존재한다"는 현재의 사실을 말한 것에 불과하다. 마찬가지로 사르트르는 유대인의 기원에 관해서도 미래에 관해서도 내실 있는 말을 하지 못했다. 오직 "유대인은 존재한다"는 현재의 사실만을 말했을 뿐이다.

반유대주의도 유대인도 역사 과정과는 무관하게 언제나 현재의 사실로서 존재한다. 사르트르는 적어도 그 점에 대해서만큼은 우리들에게 가르쳐 주고 있다.

유대인은 이 '세계'나 '역사' 속에서 구성된 것이 아니다. 오히려 우리들이 '세계'라든가 '역사'라고 부르는 대상이야말로 유대인과의 관계를 통해 구성된 것이 아닐까? 이 현기증 날 듯한 가설을 음미할 시간이 온 듯하다.

6. 살의와 자책

유대인은 "그들에게만 가해진 특별한 증오"에 의해 몰이사냥을 당했다고 직감한 노먼 콘은 복직 후에 『제노사이드 허가증』(앞서 나온 『시온 의정서』의 원저 명)이라는 도발적인 제목을 단 반유대주의 연구서를 썼다. 처음에 나는 이 책을 레옹 폴리아코프[30]의

---

[30] Léon Poliakov(1910~1997). 러시아에서 출생한 프랑스의 유대인 역사가.

프랑스어 번역(1967년 발행)으로 읽고, 그 후 원저의 제3판(1981년 발행)을 읽었다. 비교하여 읽은 후 영어판에는 콘이 '유대인은 어째서 증오받았는가?'라는 물음을 독자적 주제로 다룬 마지막 장이 삭제되었다는 것을 알게 되었다. 그 장이 출판 직후부터 물의를 일으켰다고 프랑스어 번역 서문에서 콘이 쓰고 있으므로, 판을 거듭하는 사이에 정치적 배려로 인해 삭제되었을지도 모른다. 사정은 모른다. 그러나 나는 그 삭제된 최종 장이 가장 재미있었다. 거기에서 콘은 놀라운 상상을 전개하고 있기 때문이다. 그 논지를 여기서 요약하겠다.

유대인이 사회에서 특이한 소수 민족 집단이면서 어떠한 박해도 받지 않고 통상적인 사회생활을 영위한 장소가 있다.

"과거 2천 년간 유대인 집락集落은 인도와 중국에서는 어떤 특이한 관심도 불러일으키지 않고 평온한 생활을 영위해 왔다."[31]

어쩌면 인도나 중국에서 나타나는 이와 같은 현상이 유대인을 대하는 '당연한' 모습일지도 모른다. 그렇다고 한다면, 제노사이드로까지 격화된 유럽의 광신적인 반유대주의야말로 '특이한 상태'라고 생각할 수 있지 않은가?

하지만 어떠한 점에서 유럽이 '특이'한 것일까?

전 4권으로 된 『반유대주의의 역사Histoire de l'antisémitisme』를 비롯해, 홀로코스트와 반유대주의 역사 연구로 업적을 남겼다—역주.

31) Norman Cohn, *Hitoire d'un Mythe: La "Conspiration" juive et les Protocoles des Sages de Sion*, traduit par Léon Poloakov, Gallimard, 1967, p.248.

"절멸적인 반유대주의가 맹렬히 불타오르는 현상은, 대중이 유대인이라는 존재가 그들 이외의 인류를 섬멸하고 지배하고자 획책하는 집단적인 악의 화신이라고 상상하는 경우로만 한정된다. 이런 종류의 반유대주의는 유대인이 현실 생활에서 수행하고 있는 사회적 역할과는 아무런 관계가 없다. (……) 실제로 이러한 반유대주의는 한 번도 유대인을 본 적이 없는 사람들, 수백 년도 전에 유대인이 사라진 나라들에서도 출현한다."[32]

현실에 존재하지 않는 유대인에 대해서조차 공포나 증오가 발동한다는 사실은 일본의 반유대주의 역사에서 본 그대로이다. 아마도 유대인에 대한 '이야기'가 재귀성이 강한 민화나 공포담과 구조적으로 통하고 있기 때문이리라.

공포담은 각 사회의 구조적으로 '약한 고리'를 이야기의 방식으로 표상한다. 근대 반유대주의는 근대인이 무엇을 공포로 여기는지를 웅변하고 있다. 그렇다면 근대인이 공포로 여기는 대상이란 무엇인가?

"광신적인 반유대주의자의 눈에 유대인은 (……) 근대 그 자체, 보다 정확하게는 시대의 가장 큰 불안이자 파괴적 측면의 상징이기도 했다. (……) 이때 현대에 괴리감을 느끼는 사람들, 현대 사회에 제대로 적응하지 못하는 사람들은 유대인에게서 그들이 증오하는 문명의 화신을 보았던 것이다."[33]

---

[32] 같은 책, p.249.

그러나 실제로 근대 문명을 만들어 내고, 도시화를 선택하고, 전원적인 게마인샤프트Gemeinschaft(공동체)를 버린 사람은 유대인이 아니라 유럽인 자신이다. 자기 자신이 행한 결과를 부인하고, 가해자를 외부에 투영하여 자신이 피해자인 양 행동하는 것은 정신 분석적으로는 잘 알려진 기제이다. 콘은 그와 비슷한 것이 집단적 규모로 발생한 게 아닌가 생각한다.

"이런 유의 반유대주의에서 유대인은 무의식의 수준에서 (……) '나쁜 아버지', 즉 자식을 체벌하고, 처벌하고, 살해하는 아버지를 표상하고 있다. (……) 조금 생각해 보면 납득할 만한 내용이지만, 유대교에 대한 기독교와 유럽의 관계는 유대인에게 거의 불가피하게 집단적인 부성父性 표상의 역할을 부여해 왔다. 유대인은 대다수의 유럽 민족보다 오래되었고 기원이 알려지지 않은 민족이지만, 그것으로만 그치지 않는다. 유대교는 자신과 경합하는 종교의 모태이기도 하다. 그러나 아마도 가장 중요한 점은 아버지와 자식의 속성을 동시에 겸비한 기독교의 아버지와는 달리, 유대인들의 아버지는 오로지 아버지일 뿐이라는 점이다."[34]

따라서 기독교 사회에서 유대인들은 "두려운 '아버지'를 연상시키는 오이디푸스적 투영의 이상적인 표적"[35]으로 간주되었다. 자식은 이 '나쁜 아버지', '두려운 아버지'를 증오하고 살해하고 철저

---

[33] 같은 책, p.252.
[34] 같은 책, p.254.
[35] 같은 책, p.255.

하게 파괴하기를 절실히 바람과 동시에, 그러한 공격적 감정을 품고 있는 자기 자신에게 강한 죄의식을 느낀다. 그리고 그 죄의식이 외부 세계로 투사될 때, 이는 '악마'로서 표상된다.

여기서 주의할 점은 '악마'란 '아버지'가 아니라는 것이다. '아버지'를 향해 '자식'이 품는 '살의'와 그에 대한 '죄의식'이 동시에 존재할 때, '악마'는 구체적으로 형성된다.

오해의 가능성이 있을 수 있는데, '살의'는 어떤 의미에서는 자연스러운 현상이다. 증오하는 상대를 죽이는 자신의 모습을 상상함으로써 자주 해방감이나 후련함이 생긴다는 사실을 우리들은 알고 있으며, 자신의 사악함을 참회하거나 자신의 죄를 분명히 고백함으로써 격한 카타르시스나 해방감을 맛본다는 점도 우리들은 알고 있다.

이는 다시 말해 살의도 죄의식도 모두 단독으로는 그 정도로 인간을 깊숙이 파괴하지는 않는다는 말이다. 전적으로 사악한 인간도, 혹은 전적으로 반성만 해 대는 인간도 그 정도로 유해한 존재는 아니다. 어리석게 사악한 인간은 가까이하지만 않으면 괜찮으며, 언제나 죄책감으로 끙끙대며 반성하고 있는 사람은 그냥 방치해 두어도 단지 우울해 할 뿐 다른 사람에게는 해를 끼치지 않는다. 위험한 사람은 살의를 품으면서 동시에 그 사실에 대해 죄의식을 품는 사람이다. 그러한 인간은 지나치게 강한 죄의식으로 인해 '자신이 살의를 품고 있다'는 사실 자체를 부인하기 때문이다.

'아무리 해도 통제되지 않는 살의', 그것이 '악마'의 정체이다.

이 메커니즘에 대해 가장 깊이 있는 분석을 시도한 사람은 프로이트이다. 프로이트는 『토템과 터부Totem and Taboo』에서 이 '아무리 해도 통제되지 않는 살의'의 메커니즘에 대해 대담한 가설을 제시했다.

"적의는 그 적의의 대상이 되는 죽은 자에게로 옮아감으로써 방어된다. 우리는 정상이든 병적이든 상관없이, 정신생활에서 종종 반복되는 이 방어 과정을 투사Projektion라고 부른다. 유족은 사랑하는 고인을 향해 과거에 적대적 감정을 품은 적이 없다고 부정한다. 그러나 죽은 자의 영혼 쪽이 적의를 품고 있으며, 복상服喪의 전 기간을 통해 그 적의의 표명을 멈추지 않는다. (……) 사자에 대한 감정, 이는 충분히 확증된 우리의 가설을 기초로 하여 본다면 두 가지—애정과 적의—로 분열되어 있으나, 이 감정이 사별 시에 함께 나타난다. 한편으로는 애도의 심정으로, 다른 한편으로는 만족감으로. 이 두 가지 감정 간에 갈등이 일어나지 않는 것은 아니다. 그런데 대립의 한편, 즉 적의는—그 전부 혹은 상당히 많은 부분이— 무의식이다."36)

프로이트는 사랑하는 사람과 사별한 후에 유족이 느끼는 '강박 자책Zwangsvorwürfe'에 관한 분석으로부터 '악마'를 도출한다.

강박 자책에 관해 프로이트는 이렇게 쓰고 있다.

---

36) S. 프로이트, 「토템과 터부トーテムとタブー」, 『프로이트 저작집3フロイト著作集3』, 니시다 에츠로西田越朗 역, 인문서원, 200~201쪽.

"아내가 남편과 사별한 경우, 딸이 어머니와 사별한 경우, 뒤에 남겨진 자는 자신의 부주의나 태만으로 인해 사랑하는 사람이 죽은 게 아닌가 하는 참혹한 의혹을 품게 되는데, 우리는 이를 '강박 자책'이라 부르며, 이러한 의혹에 사로잡히는 경우가 자주 있다. 자신이 얼마나 세심하게 병자를 간호했는지 뒤돌아 생각해 보아도, 혹은 다른 사람들이 말하듯 죽은 자에 대한 책임은 없다는 사실에 입각하여 물리쳐 보아도 그 고뇌를 끝낼 수는 없다."37)

어째서 "끝낼 수 없는지"에 대해 말하자면, 그 강박 자책에는 근거가 있기 때문이다.

"상을 당한 사람의 마음에 무언가가 있었기 때문이다. 즉 그 사람 자신도 의식하지 못하는 원망願望이다. 그 원망은 사자의 죽음을 불만으로 여기지 않으며, 만약 힘만 있다면 죽음을 재촉하려 했을지도 모른다. 이 무의식적 원망에 대한 반동으로서 사랑하는 자의 사후에 자책감이 나타난다. 다정한 애정의 그림자 뒤에 무의식적으로 감추어져 있는 이러한 적의는 특정 인물에 대한 강력한 감정의 결합이 나타나는 경우에는 반드시라고 말할 수 있을 만큼 존재한다."38)

프로이트를 읽을 때는 주의가 필요하다. 그가 선보이는 새로운 개념에는 종종 '표면적 의미'와 '뒤편의 의미'가 존재하기 때문이

---

37) 같은 책, 199쪽.
38) 같은 책, 199쪽(강조는 인용자).

다. 그러한 양의성의 갈등 안에서 프로이트는 그 조작 개념의 힘을 찾아내고 있다.

『토템과 터부』의 문장을 있는 그대로 읽으면, 거기에는 이렇게 쓰여 있다.

우리들은 사랑하는 사람의 죽음을 무의식적으로 바라고 있다. 그리고 실제로 사랑하는 사람이 죽으면, 그 무의식적 원망 탓으로 사랑하는 사람이 죽음에 이른 것이 아닌가라는 자책감에 시달린다. 그러한 자책의 고통은 견디기 힘들기에, 우리들은 이를 자신의 내부에 근거를 둔 것이 아니라 외부로부터 도래한 '적의'로 해석함으로써 잠시 동안의 안도감을 얻고자 한다. 내게는 잘못이 없는데도 어째서인지 나는 심한 저주와 증오의 표적이 되었다는 '이야기' 속으로 도망쳐 숨는다. 내적 갈등은 외부로부터의 공격으로 바꿔 읽을 수 있다. 이렇게 하여 이제 "죽은 자는 사악한 마신이 되어, 우리들이 불행에 휩쓸리면 만족을 느끼며, 또한 우리들에게 죽음을 가져오려고 애를 쓴다."[39]

노먼 콘은 필시 프로이트의 이 '투사'론을 있는 그대로 읽고, 반유대주의는 이 '투사'의 메커니즘이 초래한 것이라고 생각했다. 분명 그러한 독해 방식을 취하면 반유대주의의 심리는 상당히 이해하기 쉬운 대상이 된다.

자식이 부친에 대해 품은 살의를 억제할 때, 무의식중에 억압된

---

[39] 같은 책, 201쪽.

그 살의는 '자식을 죽이고자 하는 괴물'로 투사되어 외부 세계로부터 귀환한다. '나쁜 아버지'의 형상은 이렇게 하여 '증오받기에 걸맞은 괴물'로 변화하고, '박해자의 얼굴'을 띠게 된다.[40]

중세 이래 기독교도가 유대인을 '아버지'의 형상으로 보아 왔다는 점은 주지의 도상학적 사실이다.

"민중 예술은 종종 유대인을 고령의 노인(즉 악마)으로, 긴 수염을 기르고 뿔과 꼬리가 달린 잔인한 표정을 한 괴물로 그리고 있다."[41]

물론 유대인에게 할당된 도상은 그것만은 아니다. 유대인은 때로는 뱀으로, 혹은 전갈로, 혹은 돼지로, 혹은 '앞을 보지 못하는 젊은 처녀'(시나고가)[42]로 비유되어, 중세 기독교도들의 난폭한 상상력을 환기시켰다. 하지만 가장 지배적이었던 것은 '고령의 노인(악마)'로서의 유대인 도상이다.

---

40) Cohn, 앞의 책, p.255.
41) 같은 책, p.255.
42) 기독교 건축 조각의 하나로, '에클레시아와 시나고가Ecclesia et Synagoga'를 가리킨다. 라틴어에서 에클레시아와 시나고가는 기독교 교회와 유대교 시나고그를 뜻한다. 유럽 교회의 건물 외관에는 대개 두 명의 여인이 함께 조각되어 있는데, 에클레시아는 왕관을 쓰고 성배와 지팡이를 들고 자신감 있는 얼굴로 정면을 바라보는 형상이다. 반면 시나고가는 헝겊으로 눈이 가려져 있고, 몸은 힘없이 축 처져 있으며, 양손은 각각 부러진 지팡이와 미끄러져 떨어질 듯한 토라Torah 두루마리를 들고 있다. 이는 유대교에 대한 기독교의 우위를 표현하고자 한 것이며, 특히 눈이 가려져 있는 시나고가의 형상은 눈을 뜨고도 예수를 보지 못한 바리새파로 대변되는 유대교를 상징한다—역주.

중세 판화에서는 잔혹한 표정의 노인들이 무구한 아이들(이는 종종 어린 예수를 상징했다)을 학대하고, 그 생혈을 빨아 마시는 도상이 즐겨 채록되었다.

이러한 '늙은 박해자'의 표상은 유대인 이외의 박해받는 소수 민족 집단에 대해서는 그다지 관찰되지 않는다. 북미의 흑인 차별에는 분명 흑인의 뛰어난 신체 능력에 대한 백인의 신화화된 '공포'가 복류하고 있지만, 흑인 '현자'들이 세계를 실질적으로 지배하고 있다는 망상을 품은 백인은 없다.

콘은 이 '특별한 증오'를 다름 아닌 비유대인 자신의 '자책감'이 유대인을 향해 투사된 것으로서 해석했다. 그렇지 않다면 반유대주의자들이 "암흑의 힘과 싸우는 천사단으로서, 용을 쓰러뜨리는 성 미카엘[43]의 집단으로서"[44] 무방비 상태의 사람들(거기엔 어린 아이나 노인도 포함되어 있었다)을 학살하면서도, 이를 전혀 부끄러워하지 않는 "용맹무쌍한, 위험으로 가득한 싸움"을 할 수 있었던 사실을 설명할 수 없다고 생각했기 때문이다.

콘은 이렇게 쓰고 있다.

"그러나 이 또한 놀랄 일은 아니다. 왜냐하면 그들이 적이라고 믿고 있던 대상은 그들 자신의 공격성이 외화된 것에 다름 아니기 때문이다. 따라서 그들의 무의식적인 죄책감이 강해지면 강해질

---

43) 기독교 4대 천사의 한 명으로서 사탄의 상징인 용을 쓰러뜨렸다—역주.
44) 앞의 책, p. 262.

수록 상상의 적은 한층 더 흉악한 것으로서 현현해 오기 때문이다."45)

콘의 프로이트적 해석에 따르면, 반유대주의자는 거울에 비친 자신의 흉악한 얼굴에 공포를 느끼고, 절망적인 비명을 지르며, 거울이 비추는 상을 때려 부순다는 것이다.

그러한 해석이 허용되는 사례라면 우리는 얼마든지 열거할 수 있다. 예컨대 제3제국 말기, 유대인 문제의 '최종적 해결'이 조직적으로 진행됨에 따라 유대인에 대한 나치의 공포는 오히려 격화되어 갔다. 그도 당연한 것이, 유대인 섬멸이 착착 진행되어 독일의 지배 지역에서 유대인이 근절되어 갈수록 제3제국의 전황이 더욱 열세에 놓였기 때문이다. 유대인이 '모든 악의 근원이다'라는 나치의 이데올로기가 올바르다는 것을 전제하는 한, 모든 연합국의 정부가 유대인의 괴뢰 정부일 뿐만 아니라, 제3제국의 주요한 기관도 (혹은 히틀러 자신마저) 유대인에게 몰래 조종되고 있다고밖에는 그 사태를 설명할 도리가 없었다.

나치 선전 장관인 괴벨스Paul Joseph Goebbels(1897~1945)는 '유대인의 세계 지배 음모'를 진지하게 믿을 만큼 순진한 사람이 아니었지만, 이 냉소적인 데마고그조차 베를린 함락 전야에는 (그 자신이 '위서'임을 알면서도 널리 알렸던) '시온 현자'의 존재를 믿기 시작했다.

---

45) 같은 책, p.262.

사르트르나 콘이 말하듯이 그러한 유대인상을 만든 사람은 반유대주의자이다. '무서운 유대인'이란 반유대주의자 자신의 공포와 증오를 투사한 '마신'의 그림자였다.

하지만 나는 프로이트를 있는 그대로가 아닌, 조금 다른 독해 방식으로 읽고 싶다.

강박 자책으로부터 마신이 도출되는 과정은 아마도 프로이트가 말하는 대로일 것이다. 하지만 강박 자책이라는 메커니즘에서 가장 악마적인 부분은 사랑하는 사람의 죽음을 '무의식적으로 바랐다'라는 원망이 정말인지 아닌지, 아무도 확인할 방법이 없다는 점이다.

프로이트는 "상을 당한 사람의 마음에 무언가가 있었기 때문이다. 즉 그 사람 자신도 의식하지 못하는 원망이다"라고 쓰고 있으나, 나는 그러한 위험한 언명에 간단히 동의하기를 자제하고 있다.

무의식적 살의가 우선 존재하고, 이를 의식하는 것을 불쾌하게 여기는 심적 과정이 억압되고, 그것이 강박 자책을 경유하여 이윽고 '악마'로 형태를 바꾼다는 프로세스는 프로이트가 말하듯 계기적인 것일까? 원인이 있고, 그것이 결과를 초래한다는, 그렇게 이해하기 쉬운 프로세스일까?

대립이나 갈등에 대해서 우리들이 알고 있는 것은 (역설적으로 들리겠지만) 대립이나 갈등은 대립하고 갈등하고 있는 대상을 상쇄하기보다는 오히려 강화한다는 경험적 사실이다.

그런 것이다.

나는 앞서 "살의를 품으면서 동시에 그에 대해 죄의식을 품은 사람" 쪽이 "오직 살의만을 품고 있는 사람"보다도 위험하다고 썼다. 이는 살의와 죄의식의 갈등은 갈등이 없는 경우보다 더 많은 심적 에너지를 살의와 죄의식의 양방으로 비급備給46)하기 때문이다. '단순한 살의'보다 '죄의식을 대동하는 살의' 쪽이 살의의 뿌리가 깊다. 그런 것은 우리에게는 일상적으로 거의 자명하다. 규범적으로 금지되어 있는 행동은 그렇지 않은 행동보다도 훨씬 격하게 우리의 욕망을 환기시킨다. 따라서 우리들의 사회에서는 거의 모든 살인 사건이 가정 내에서나 연인들이나 친구들 사이에서 일어난다.47)

하지만 그 사실을 '우리는 가까운 사람에 대해 언제나 무의식적 살의를 품는다'라는 식으로 '합리적으로' 해석하면, 추론의 방향을 그르치게 된다.

필시 논리의 방향은 그 반대이다.

우리들은 사랑하는 사람에 대해 더욱 강한 애정을 느끼고 싶다고 바랄 때에 그 애정과 갈등하도록 무의식적 살의를 요청한다는 것이다. 갈등이 있는 편이 갈등이 없을 때보다도 욕망이 격화되기

---

46) 정신 분석학 용어로, 리비도libido 또는 욕망의 에너지가 특정 대상 또는 관념에 투입되고 있는 상태를 가리킨다. 독일어로는 Besetzung, 영어로는 cathexis이다. 국내에서는 영어 그대로 카섹시스나 부착附着으로 번역되고 있는 듯하다―역주.

47) 살인 사건의 약 30퍼센트는 배우자와 가족에 의해 일어나며, 약 40퍼센트가 지인에 의해 벌어진다―역주.

때문이다.

가까운 사람에 대한 살의나 적의가 누구에게나 잠재적이며, 이것이 억압되어 있다는 식의 단순한 이야기가 결코 아니다. 우선 애정이나 욕망이 있고, 이를 더욱 격화시키고자 욕망할 때, 우리들은 이와 갈등하는 살의나 적의를 무의식적으로 불러들인다.

통상 사랑하는 사람과 사별한 후, 죽은 자에 대한 우리들의 애정은 생전보다도 깊어진다. 우리는 죽은 자를 깊이 애도하는 데 혼신의 힘을 다한다. 우리는 더욱 사랑하고 싶다고 욕망한다. 그러한 거센 욕망 속에서 우리는 죽은 자에 대한 애정이 폭발적으로 격화되는 심리적인 '극약'을 향해 무의식중에 인도된다. 이는 '내가 사랑하는 사람의 죽음을 남몰래 바랐던 것이 아닌가'라는 자책으로 마음이 타들어 간다는 의미이다. 이러한 무의식적인 살의는 물론 전력을 다해 억압되어야 한다. 억압으로 인해, 비급될 수 있는 만큼의 애정이 거기에 주입된다. 자신은 죽은 자에 대해 이 정도로 넉넉한 애정을 품고 있었다는 확신을 얻기 위해 우리들은 '사랑하는 사람의 죽음을 바라'는 무의식적 원망을 도구적으로 이용하는 것이다.

프로이트를 그런 식으로도 읽을 수 있다. 나는 그렇게 읽었다.

따라서 자신은 애정이 깊은 사람이라고 생각하며, 동시에 그 애정의 깊이를 끊임없이 확인하고 싶어 하는 인간만큼 위험한 존재는 없다. 그들은 모두 '사랑하는 사람의 죽음을 바람'으로써 자신 속의 애정을 폭주하듯 격화시킬 수 있는 '살의 도핑'의 죄수가 되기 때문이다.

반유대주의자는 어째서 '특별한 증오'를 유대인에게 돌렸을까? 어째서 이는 '특별한'이라고 이야기되는 것일까?

이에 대답할 수 있는 사람은 지금까지 존재하지 않았다. 적어도 나를 납득시키는 대답을 내놓은 사람은 지금까지 없다.

이제부터 쓸 내용은 내가 유일하게 납득하는 대답이다.

이는 '반유대주의자는 유대인을 너무도 격렬하게 욕망했기 때문'이라는 것이다.

7. 결어

이제 결론이라 할 만한 내용을 써야 한다.

나는 앞서 다음과 같은 말을 적었다.

유대인은 "나중에 지명되고" "나중에 호명된 자"라는 자격으로 (레비나스의 술어를 빌리자면 "시원의 사후성"에 강제되며) 비로소 역사에 등장한다.

매번 나중에 뒤처져 등장하는 자.

이 규정은 필시 유대인의 본질을 다른 어떠한 말보다도 정확하게 포착하고 있다. 그리고 이 "시원의 사후성"이라는 깨달음이야말로 유대적 지성(이라기보다 단적으로 지성 그 자체)의 기원에 있는 것이다.

이 언명과 앞 절의 마지막에 쓴 "반유대주의자는 유대인을 너무도 격렬하게 욕망했다"는 언명을 겸하여 읽으면, 우리가 본서에서 말하고 싶었던 내용은 거의 다 끝내는 셈이 된다.

"거의 다 끝내는 셈이 된다"라고는 했지만, 독자 입장에서는 무슨 이야기인지 잘 이해가 되지 않을 것이다. 남은 지면을 통해 가능한 한 설명해 보겠다.

유대인은 자신들이 '뒤늦게 세계에 도래했다'는 자각을 통해, 다른 국민들과의 차별화를 달성했다. 나는 그렇게 생각하고 있다.

물론 '조물주'가 세계를 만들고, 거기에 뒤늦게 '창조물'이 도래했다는 연속적인 창조 설화는 모든 종교에 공통된 것이다. 하지만 유대인의 피해 의식은 그러한 것들과는 다르다. 유대인은 오히려 우리들이 '피조물'로서 이 세계에 실제로 도래했다는 원초적 사실로부터 출발하여, '조물주'가 세계를 창조했다는 '한 번도 현실이 된 적이 없는 과거'를 사후적으로 구성하고자 한 것이다.

상당히 이해하기 어려운 말을 하고 있다는 것은 나 자신도 잘 알고 있다. 하지만 조금만 참고 읽어 주시기 바란다.

종교, 혹은 단적으로 '신'이라는 개념이 어떻게 태어났는지 관해서는 널리 승인되는 이론이 있다. 죄를 짓는 행위가 우선 행해지고, 그것이 무의식에 의해 억압될 때 그 죄의식이 외부로 투영되어 '강력한 박해자'의 형상을 취해 되돌아온다(이 메커니즘을 '투사'라고 부른다고 앞서 서술했다). 프로이트는 이를 '원부原父 살해'라는 시나리오에 입각해 논했다.

'원부'란 찰스 다윈의 용어로, 원시 부족 사회에 군림하고 모든 여성을 독점했던 '강력한 남자'를 말한다. 그러나 알려져 있는 한,

가장 오래된 사회 집단의 모습은 그렇지 않았다. 실제 모습은 '남자 결합체', 즉 어머니가 같은 형제들의 집단이었다. 언제부터인가 사회 집단은 아버지를 중심으로 하는 무리에서 형제들의 무리로 이행한 것이다. 그 (존재가 알려지지 않은) 아버지 무리 집단에서 형제 무리 집단으로의 이행을 프로이트는 다음과 같은 가설로 설명한다.

"어느 날의 일이다. 추방된 형제들이 힘을 모아 부친을 죽이고 그 살을 먹어 버렸다. 이렇게 하여 아버지 무리에 종지부를 찍기에 이르렀다. 그들은 단결을 통해 혼자서는 결코 가능하지 않았던 일을 감히 행하게 되고, 이윽고 이를 실현시키고 만다. (……) 폭력적인 아버지는 형제 모두에게 선망과 공포를 동반하는 모범이었다. 거기서 그들은 먹어 치운다는 행위를 통해 아버지와의 일체화를 성취한 것이다. 아버지가 가진 강력함의 일부를 저마다 자신의 것으로 만든 것이다. 필시 인류 최초의 제사인 토템 향연은 이 기억할 만한 범죄 행위의 반복이자, 기념 제의일 것이다. 그리고 이 범죄 행위로부터 사회 조직, 도덕적 제약, 종교 등 많은 것이 시작되었다."[48]

원부 살해는 형제들에게 깊은 죄의식을 남겼다. 거기서부터 죄악감을 완화하고, 모욕당한 아버지를 달래려는 시도로서 토테미즘이 발양한다. 형제들은 아버지를 살해했다는 자책으로부터 '(아

---

[48] 프로이트, 앞의 책, 265쪽.

버지의 기호인) 토템을 죽여서는 안 된다'는 종교적 금령을 도출하고, 아버지의 운명이 되풀이되는 것을 피하기 위해 '(아버지의 복제물인) 형제를 죽여서는 안 된다'는 사회적 금령을 도출했다. 그리고 이 '형제를 죽여서는 안 된다'가 '너는 살인하지 말지어다'라는 계율로 모습을 바꾸어 종교가 성립한다. 이것이 프로이트가 제시한 '원부 살해'의 시나리오이다.

"토템 종교는 자식들의 죄의식으로부터 생겨난 것이자, 이 죄악감을 완화하여 모욕당한 부친을 사후 복종으로 달래고자 하는 시도였다. 후대의 종교는 모두 이 동일한 문제를 해결하려는 시도였다. (……) 종교는 모두 문화의 발단을 이루었으나 그럼에도 그 이래 인류를 진정시키지 못했던, 앞서 기술한 대사건에 대해 동일한 목적을 지닌 반작용이었던 것이다."[49]

"신이란 요컨대 격상된 아버지일 뿐"[50]이라고 프로이트는 썼다.

인류사 여명기의 '원부 살해'로 모든 종교의 기원을 귀속시키는 이 가설을 우리는 우선 잠자코 읽기로 하겠다. 나는 프로이트의 기술과는 시간 순서가 다른 형태로 종교가 발생했다고 생각하고 있지만, 그 이야기를 하기 위해서는 반드시 프로이트를 우회할 필요가 있기 때문이다.

우리들이 확인해야 할 것은 "문화의 발단을 이루었으나 그럼에

---

49) 같은 책, 268쪽.
50) 같은 책, 270쪽.

도 그 이래 인류를 진정시키지 못했던, 앞서 기술한 대사건"이 종교의 기원임과 동시에 반유대주의의 기원이기도 했다는 점이다.

반유대주의는 인류사에서 토템 종교만큼이나 '오래되었다.'

물론, 이는 살해된 '원부'가 유대인이었다는 의미가 아니다(이는 아직 어떠한 민족 집단이 발생하기 훨씬 이전 시대의 사건이다). 오히려 우선 죄짓는 행위가 범해지고, 이어서 그에 대한 죄책감이 외부로 '투사'되어 '두려운 아버지'의 상을 만들고, 그에 대한 공포가 동기가 된 위로의 시도가 공동체의 윤리나 '신'의 개념을 도출한다는 식의 '원부 이야기'를 거부하는 사람들이 있었다고 하는 것이 필시 반유대주의의 기원에 놓인 사실인 것이다.

머나먼 인류의 여명기의 어느 시점에 고대 사람들이 '시간'과 '주체'와 '신'이라는 세 가지 개념을 처음 얻었을 때, 그와는 다른 방식으로 '시간'과 '주체'와 '신'의 기초를 마련하고자 한 사람들이 있었다.

그 사람들을 나는 유대인의 조상이라고 생각한다.

레비나스는 유대교의 시간 의식을 '아나크로니즘anachronism'(시대착오)이라는 말로 표현한다. 아나크로니즘이란 '죄짓는 행위를 저지름으로써 죄책감을 갖는다'는 인과·전후 관계를 부정한다.

"중요한 점은 죄짓는 행위를 먼저 범했다는 관념에 선행하는 죄책감의 관념이다."51)

---

51) Poirié, 앞의 책 p.114.

놀라운 말이지만, 부정을 저지름으로써 죄의 책임이 인간에게 주어지는 게 아니다. 인간은 부정을 범하기 이전에 이미 부정에 대해 책임이 있다. 레비나스는 분명히 그렇게 말하고 있다.

나는 이 '아나크로니즘'(순서를 반전시키는 형태로 '시간'을 의식하고, '주체'를 구성하고, '신'을 도출하는 사고방식) 안에 유대인이 가진 사고의 근원적인 특이성이 있다고 생각한다.

이 전도 속에서 비유대인인 우리들은 결코 흉내 낼 수 없는 지성의 운동을 감지하고, 이것이 유대인을 향한 우리들의 격렬한 욕망을 환기시키고, 그 욕망의 격렬함을 유지하기 위해 무의식적인 살의가 도구적으로 요청된다.

유대적 사고의 특이성과 '단적으로 지성적인 것', 유대인에 대한 욕망과 유대인에 대한 증오는 그러한 순서로 연달아 발생하고 있다. 사르트르에게는 미안한 말이지만, 유대인을 만들어 낸 사람은 반유대주의자가 아니다. 유대인이 반유대주의자를 만들어 낸 것이다.

이 행로를 뒤집어서 보면, 반유대주의자가 유대인을 증오하는 까닭은 그것이 유대인을 향한 욕망을 격화시키는 훨씬 효율적인 방법이기 때문이라는 추론이 나타난다.

반유대주의자가 유대인을 욕망하는 이유는 유대인이 인간이 행할 수 있는 가장 효율적인 지성의 사용 방법을 알고 있다고 믿고 있기 때문이다. 유대인이 인간에게 가장 효율적인 지성의 사용 방법을 알고 있는 까닭은 시간을 이해하는 방식이 비유대인과는 반대로 되어 있기 때문이다. 그리고 유대인에 의한 그러한 시간 파악 방식은 반유대주의자들로서는 자신의 사고 원리 자체를 거부하지 않고서는 이해할 수 없는 것이다.

아나크로니즘이 어떠한 사고방식인지 내 빈약한 어휘로 설명할 수 있을지 확신할 수 없지만, 해 보는 데까지 해 보겠다.

프로이트의 '원부 살해' 시나리오에 따르면, 사람들은 누군가를 죽이고, 그 흉행 사실이 죄책감을 산출하고, 그것이 이웃애를 명하는 계율과 '입법자로서의 신'이라는 관념을 도출한다. 그러나 레비나스는 그러한 순서로 생각하지 않는다.

유대교도인 레비나스는 인간에게 이니셔티브를 인정하지 않기 때문이다. 레비나스는 이를 논증하기 위해『마태오의 복음서』25장을 인용한다.

"너희들은 나를 쫓아내고, 나를 몰아냈다."

"언제 저희들이 당신을 쫓아내고, 몰아낸 적이 있습니까?"

"너희들이 가난한 자들에게 먹을 것을 주기를 거부하고, 가난한 자들을 쫓아내고, 그들을 쳐다보지도 않았을 때!"

레비나스는 이 성구(필시 이는 마태오 이전부터 유대교에서 구전된 내용일 것이다)에 다음과 같은 해설을 더했다.

"타자에 대해서 나는 먹는 행위, 마시는 행위로부터 시작되는 죄책감을 갖고 있습니다. 말하자면 내가 쫓아낸 타자는 내가 쫓아낸 신과 같습니다. (……) 과실을 범하지 않았음에도 죄의식을 품는 것! 나는 타자를 알기 전에, 존재하지 않았던 과거의 어느 시기에, 타자와 관련을 맺고 있었던 것입니다."[52]

인간에게는 우선 무언가를 행하여 그로 인해 책임이 주어지는 게 아니다. 인간은 모든 행동에 앞서 이미 책임이 있다. 레비나스는 그렇게 가르친다.

이웃 사람에게 관대하면 주에게 축복받고, 이웃 사람을 괴롭히면 주에게 저주를 받는다는 '권선징악'의 메커니즘 속에 인간이 위치하는 게 아니다. 만약 그렇다면 결정권은 100퍼센트 인간에게 속하며, 신에게는 어떠한 권한도 남지 않게 된다. 선행을 쌓으면 신의 은총을 받고, 악행을 행하면 신의 벌을 받는다는 게 사실이라면, 신은 인간에 의해 조종될 수 있는 존재가 된다.

따라서 만일 신이 실로 그 영광에 걸맞은 위엄과 덕망을 원한다면, 인간의 주체적 결단에 의한 행동의 옳고 그름을 신이 사후에 사정하는 순서로 진행되면 안 된다. 인간은 이웃 사람을 환대할 것인지 추방할 것인지 하는 선택에 앞서서, 이웃 사람을 추방한 데에 대한 책임이 있다.

『욥기』의 욥은 합리적으로 사고하는 근대인의 근원적 전형이다. 그는 독실한 신앙에 기초하여 행동함에도 불구하고 무시무시한 불행으로 큰 고통을 당했다. 분노하고 한탄하면서 욥은 신에게 묻는다. 자신의 내력을 뒤돌아보아도 이러한 수난의 이유가 될 나쁜 행동을 전혀 범한 적이 없다. 욥은 부르짖는다. "그가 어디 계

---

52) 같은 책, p.114.

신지 알기만 하면, 당장에 찾아가서 나의 정당함을 진술하겠네. 반증할 말도 궁하지는 않으련만. 그가 무슨 말로 답변하실지 꼭 알아야겠기에 그 하시는 말을 하나도 놓치지 않고 들어야겠네."[53]

이 문책에 신은 어떻게 대답했을까? 레비나스를 인용하겠다.

"'내가 세계를 창조했을 때, 너는 어디에 있었느냐?'라며 '영원한 존재'는 욥에게 묻습니다. '너는 필시 하나의 자아이다. 너는 필시 시원이며, 자유이다. 하지만 자유라고 하여, 네가 절대적인 시원은 아니다. 너는 많은 사물, 많은 사람들보다 뒤늦게 도착했다. 너는 분명히 자유롭지만, 네 자유를 넘어서는 곳에서 그것들과 결합되어 있다. 너는 만인에 대해 져야 할 책임을 갖는다. 따라서 네 자유는 동시에 네 타자에 대한 우애이다.' '영원한 존재'는 욥에게 그렇게 말했습니다.

자신이 범하지 않은 죄에 대한 책임성, 타자들을 위한, 그들을 대신한 책임성."[54]

타자에 대한 우애와 책임성, 인간의 인간성의 기초를 이루는 것을 유대교는 '인간의 시원에서의 사후성'으로부터 도출하고자 한다. 이 부조리를 인간적 조리로서 받아들이기 위해 우리는 여기서 반드시 인습적인 시간 의식과 손을 끊어야 한다.

---

53) 『욥기』, 23장 3~5절.

54) Lévinas, *Quatre Lectures Talmudiques*, Minuit, 1968, p.182(강조는 인용자). (이 책 또한 저자가 일본어로 번역, 출간하였다. 『タルムード四講話』, 1987 —역주.)

유대교에서, 필시 시간은 우리들의 인습적인 시간 의식과는 반대로 미래에서 과거를 향해 흐르고 있다. 이러한 시간의 전도에 관한 레비나스의 말을 조금 더 들어 보자.

"내가 이웃의 이름을 부르기에 앞서, 이웃은 나를 소환하고 있다. 이는 인식의 형태가 아닌, 절박함obsession의 형태이다. (······) 이웃과 가까워질 때 나는 이미 이웃 사람보다 뒤늦어 있으며, 그 뒤늦음이라는 허물에 의해 이웃 사람에게 종속되어 있다. 나는 이를테면 외부로부터 명령받고(외상적인 방식으로traumatiquement 받는 명령이다) 있으나, 나에게 명령을 내린 권위를 표상이나 개념으로 내재화하지 못한다."55)

우리는 '외상적인'이라는 부사에 주의할 필요가 있다.

프로이트가 '외상'이라는 말로 가리킨 것은 신경증의 병인이면서도, 자신은 결코 '그것'을 지명할 수 없는 경험이었다. 자신은 '그것'을 결코 주제화thematization56)할 수 없다. 자신의 인격 특성이나 어법 자체가 바로 '그것'을 의식하지 못하도록 구조화되어 있기 때문이다. 자신이 만약 '그것'을 말로 표현할 수 있다면, 자신은 더 이상 '자신'이 아니며, '그것'은 더 이상 '그것'이 아니다. 그와 같이 자기 기억의 정사正史로부터 배제되어 있으므로 결코 자신은 말

---

55) Lévinas, *Autrement qu'être ou Au-delà de l'Essence*, Martinus Nijhoff, 1974, p.110(강조는 인용자).
56) 언어학에서 사용되는 용어로서, 문장이나 말을 통해 특정 사항을 주제로 선택하여 표현하고자 하는 행위나 과정을 말한다—역주.

할 수 없는 경험, 그것을 프로이트는 '트라우마trauma'(외상)라고 명명했다.

레비나스는 "이웃으로부터의 명령"의 도래를 "외상적 방식"이라고 표현할 때 바로 프로이트의 '외상' 개념에 입각하여 있다. 누가 언제 어떠한 권한에 기초하여 내린 명령인지를 명령받은 자신은 결코 알 수 없는 명령.

따라서 그 명령에 관해 자신은 이런 식으로 물을 수 없다. "내게 명명하는 그 권위는 무엇으로부터 유래하는가?" "이미 내게 책임이 있다고 하는데, 내가 무엇을 행했기 때문인가?"

자신에게는 역사적으로 어떠한 사실이 있었는지와 전혀 상관없이 책임이 부여되어 있다. 자신은 이웃 사람을 환대하거나 추방하는 선택을 내리기 이전의 과거에 이미 이웃 사람을 추방하고 있었으나, 이 추방의 사실은 "여전히 도래하지 않고, 한 번도 현재가 된 적이 없는" 사건이다. 왜냐하면 자기 자신이 자기 자신의 선성善性의 최종적인 보증인이어야 하기 때문이다. 신을 향한 두려움, 신이 내릴 엄정한 심판의 예감이 나를 선으로 이끄는 게 아니라, 선을 향한 지향이 자신의 내부에 근거를 가져야 하는 것이다. 내가 진실로 스스로 주를 내쫓고, 그 벌을 주로부터 받는다는 사실을 두려워한다면, 그 책임성은 단순히 징벌에 대한 공포에 지나지 않는다. 나는 선한 존재가 아니라, 단순히 공포를 느끼는 존재에 지나지 않는다.

토템 종교는 그처럼 '공포를 느끼는 자식'들을 만들어 낼 뿐이다. 그들은 스스로의 양심에 기초하여 선을 지향하는 성숙한 '성인'이 아니라, 외부에 있는 계율에 맹종하고, 처벌을 피하고자 하는 '어린아이'이다.

따라서 "신=이웃을 몰아냄"이라는 기원적 사실로부터 선성의 기초를 마련하기 위해서는, 결코 있어서는 안 될 일이지만 "과거에 나는 주를 몰아냈다"고 하는 기원적 사실과 관련된 허위 기억을 자진하여 받아들여야 한다.

실제로 죄를 범했으므로 책임을 느끼는 게 아니라, 책임의 근원을 만들기 위해 '범하지도 않은 죄'의 죄상을 고백한다는 것. 그것이 "나에게는 자신이 범하지 않은 죄에 관해 책임이 있다"라는 말을 빌려 레비나스가 의미한 것이다.

이 위조 기억은 외부로 투사된 자책에 대한 의제擬制로서가 아니라, 틀림없는 사실로서 수용되어야 한다. 그럼에도 불구하고 죄짓는 행위는 사실로서는 결코 존재해서는 안 된다. 왜냐하면 사실로서 존재하는 순간에 내 책임성은 나의 외부에 구체적으로 규정할 수 있는 근거를 가지게 되며, 이는 윤리의 문제가 아니라 단순한 '보복'과 '손해 배상'의 법적 문제로 전화되기 때문이다.

'눈에는 눈, 이에는 이'를 추구하는 동해同害보복법talion이나 '고통의 상호성'의 원리를 가지고는 어떠한 선성의 기초도 마련할 수 없다. '타자'가 나의 죄를 고발하고, 그 고발에 반응하여 내가 죄책감을 느낀다는 '인과응보'의 도식에 머무는 한, 내 선성의 기초는 결코 마련되지 않는다. 거기에는 회한이나 공포나 굴욕은 있을지 몰라도, 선이 존재할 여지는 없다.

　선이 존립하기 위해서는 인간은 "한 번도 존재한 적이 없는 과거"를 자신의 현재"보다 앞서" 의제적擬制的[57])으로 긍정해야 한다. 바로 이를 위해서, 매번 이미 돌이킬 수 없을 정도로 뒤늦게 도래한 존재로서 자신을 위치시켜야 한다.

　레비나스에게 이웃애의 윤리를 궁극적으로 결정짓는 것은 나에게 명령을 내린 신이 아니라, 신의 명령을 "외상적 방식"으로(즉 잘못된 방식으로) 이해한 나 자신이다.

　인간은 잘못된 방식을 취함으로써 비로소 올바르게 될 수 있다. 인간은 현재 여기에 존재한다는 사실을, 단적으로 "존재한다"로서가 아니라 "뒤늦게 도래했다"는 방식으로서 받아들일 때 비로소 인간적이 될 수 있다. 그러한 우회를 통해 레비나스는 인간성을 설명했다.

　유대인은 민족사의 어떤 지점에서 이 '부조리'를 떠안을 수 있을 정도의 사고의 성숙을 집단 성원의 통과 의례initiation[58])로서 부과

---

[57] 법률학에서 성질이 다른 것을 같은 것으로 보고 법률상 같은 효과를 부여하는 것을 말한다. 예컨대 실종을 사망으로 간주하는 경우를 들 수 있다. 또 다른 예로는 태아는 아직 태어나지 않았으므로 권리 능력을 가진 법인격으로 간주되지 않으나, 결국에는 나중에 태어나 권리 능력을 갖게 될 것이므로 의제적 법인격이라는 말로 표현하기도 한다. 한편 인류학에서는 다른 사용법도 있는데, 의제적 친자 관계라는 용어를 예로 들 수 있다. 이는 실제로는 자식과 부모 관계가 아니지만, 서로의 합의하에 자식과 부모의 역할을 수행하는 것을 말한다—역주.

했다.

  미성숙한 사람들은 선행이 보답받지 못하고 죄 없는 사람이 고통 받는 모습을 보면 "신은 없다"고 판단한다. 인간 선성의 최종적인 보증자가 신이라고 생각하는 사람들은 사람들이 선량하지 않은 모습을 볼 때 신을 믿지 않게 된다. "신은 어째서 몸소 나쁜 자를 처벌하지 않는가?" "신은 어째서 고통 받는 자를 몸소 구하지 않는가?" 이는 어린아이의 물음이다. 전지전능한 신이 세상 구석구석까지 통제하고, 세계가 존재하는 모습 그대로 인간에게는 어떠한 책임도 없기를 비는 어린아이의 물음이다.

  "당신의 신은 가난한 자들의 신이면서 어째서 가난한 자를 살피지 않는가?" 어떤 로마인이 고대의 전설적인 랍비 아키바Akiva ben Yosef(50~135)[59]에게 그렇게 물은 적이 있다. 그때 아키바는 이렇게 대답했다. "우리들이 지옥의 고통을 피할 수 있도록 하기 위해."

  "신이 인간을 대신하여 인간의 의무와 책임을 떠맡을 수 없다고 하는 신의 불가능성을 이토록 분명히 언급한 말은 달리 없습니다. 인간의 인간에 대한 개인적 책임은 신마저도 해소할 수 없는 책임이기 때문입니다."[60]

---

[58] 출생, 성인, 결혼, 죽음 등 인간의 성장 과정에서 각 단계마다 새로운 의미를 부여하는 의식. 기독교의 세례 의식이라든지, 일반적인 성인식을 예로 들 수 있다—역주.

[59] 기원후 1세기부터 2세기에 걸쳐 활약한 유대 법률학자. 로마 제국에 대항한 유대인 반란 사건에 얽혀 체포된 후 순교하였다—역주.

[60] Lévinas, *Difficile Liberté*, p.36.

레비나스는 위의 일화를 이렇게 해설하고 있다.

인간의 인간에 대한 개인적 책임은 "신마저도 해소할 수 없다." "신도 해소할 수 없는" 이유는 인간의 책임이 너무나도 크고 무거워서 신에게도 벅차기 때문이 아니다(그러한 신은 신이라는 이름에 걸맞지 않을 것이다). 오히려 "내게 책임이 있다"라고 선고하는 인간의 등장과 동시에 그 책임이 발생했기 때문이다. "가난한 자를 살피는 것은 나의 책임이다"라고 밝히며 나서는 인간의 출현과 함께 "가난한 자를 보살필 책임"이라는 개념 자체가 세계에 탄생한 것이지, 떠맡을 사람이 없는 책임은 '책임'이라는 형태로 이 세계에 존재할 수 없다.

그것은 "내보일 상대가 없는 적의"가 '악마'를 만들어 내는 프로이트적 과정과는 정확히 반대 방식으로 구조화되어 있다.

'홀로코스트' 이후, 제2차 세계대전에서 살아남은 유대인들은 당연히 신앙상의 깊은 회의와 조우했다. 많은 유대인은 "어째서 우리들의 신은 스스로 선택한 백성을 이런 가혹한 고통 속에 그냥 내버려 두었는가?"라는 원망스러운 물음을 자제할 수 없었다. 그중에는 신앙을 버린 사람도 있었고, 권모술수나 군사력으로밖에는 정의가 실현되지 않는다는 냉소주의로 치달은 사람도 있다. 그러한 동시대인을 향해, 레비나스는 유대교 정통의 입장에서 이는 어린아이의 행동과 똑같다고 논하고 있다.

"죄 없는 사람들의 수난"이라는 사실로부터 단번에 "신이 없는 세계", 인간만이 '선'과 '악'의 판정자인 세계라고 결론짓는 것은 너무나 단순하고 통속적인 사고이다. 필시 그러한 사람들은 신이라는 존재를 지나치게 단순히 생각하고 있다. 레비나스는 그렇게 말한다.

"신이 선행을 행한 자에게 보상을 내리고 잘못을 범한 자에게는 벌을 주거나 혹은 용서하고, 그 선행에 따라 인간을 영원한 아이로 다루는 존재라고 믿는 사람들에게 무신론은 당연한 선택이다."[61]

죄 없는 사람이 고통 속에서 고독해 하며 자신이 이 세계에 남겨진 오직 한 사람의 인간이라고 느낀다면, "이는 자신의 양 어깨에 신의 모든 책임을 느끼기 위해서이다." 따라서 수난은 유대인에게 신앙의 정점을 이루는 근원적 상황이며, 수난이라는 사실을 통해서 유대인은 그 성숙을 달성한다는 뜻이 된다.

"그것이 수난이라는 말의 유대적인 특수한 의미이다. (……) 질서 없는 세계, 즉 선이 승리할 수 없는 세계에서 희생자의 위치에 있다는 것, 그것이 수난이다. 그러한 수난은, 구원을 위해 현현한다는 바람을 단념하고 모든 책임을 한 몸에 떠맡고자 하는 인간의 완전한 성숙을 요구하는 신을 드러내 보인다."[62]

유대인의 신은 "구원을 위해 현현하는" 존재가 아니라, "모든 책임을 한 몸에 떠맡고자 하는 인간의 완전한 성숙을 요구하는" 존재라는 비틀린 논법을 통해 레비나스는 "멀리 떨어져 있는 신"에

---

61) 같은 책, p. 202.
62) 같은 책, p. 203.

대한 변신론辯神論(theodicy)[63]을 이야기하며 끝을 낸다. 신이 현현하지 않는다는 바로 그 사실이, 자신의 힘으로 선을 행하고 신의 지원 없이 세계에 정의를 가져올 수 있는 인간을 신이 창조했다는 점을 증명하고 있다. '신이 부재한다'는 바로 그 사실이 '신의 편재'를 증명한다. 이 굴절된 변신론은 프로이트의 '토템 종교'와는 완전히 뒤집힌 구조로 되어 있다.

권선징악의 전능한 신은 바로 그 전능성으로 인해 인간의 사악함을 면책한다. 반면 부재의 신, 멀리 떨어져 있는 신은 인간의 이해도 공감도 초월한 머나먼 위치에 머물러 있는 나머지, 인간의 성숙을 재촉하지 않을 수 없다. 여기에는 깊은 단절이 존재한다.

이 단절은 '이미 존재하는 것' 위에 '이제부터 존재하게 될 것'을 시간상의 순서에 따라 겹쳐 쌓아 가고자 하는 사고방식과, '이제부터 존재시켜야 할 것'의 기초를 마련하기 위해 '아직 존재한 적이 없던 것'을 시간적으로 거슬러 올라가 상상적인 기원에 두고자 하는 사고방식 사이에 놓여 있다. 다른 말로 하면, "나는 지금까지 계속해서 여기에 있었고, 앞으로도 여기에 있을 선천적인 권리를 가지고 있다"고 생각하는 사람과, "나는 뒤늦게 여기에 도착했으므로, '이 장소에 있도록 허락받을 수 있는 존재'임을 자신의 행위를 통해 증명해야 한다"고 생각하는 사람의 정체성 성립 방식의 차이

---

[63] 악이 존재함에도 불구하고 신의 전지전능함이나 완전성을 정당화하는 서양의 전통적인 신학적·철학적 논증—역주.

속에 존재하는 것이다.

어째서 그러한 문명적인 스케일의 단절이 고대 중동에서 생겨났는지, 나는 그 이유를 모르며 상상도 할 수 없다. 우리들이 알고 있는 바는 이러한 기이한 사고 습관을 민족적 규모로 계승해 온 사회 집단이 일찍이 존재했고, 지금도 존재하며, 필시 앞으로도 존재하리라는 점뿐이다.

8. 어떤 만남

모리스 블랑쇼는 스트라스부르의 학창 시절부터 에마뉘엘 레비나스의 친우였다. 반유대주의를 공공연히 내걸었던 이 극우 청년 지식인이 리투아니아에서 온 새끼 곰 같은 풍모의 유대인 청년에게 평생 변함없는 우애를 바친 까닭에 대해서는 아직 아무도 설득력 있는 설명을 들려준 적이 없다. 블랑쇼 자신조차도. "내가 에마뉘엘 레비나스에게 얼마나 많은 것을 빚지고 있는지 알고 있습니다. 그는 현재 제 가장 오랜 친구이자, 제가 '너'라는 친밀한 호칭으로 부를 수 있는 유일한 친구입니다."[64]

청년 모리스 블랑쇼는 (반유대주의자에 대한 사르트르의 정의를 그대로 빌리면) "그 고향, 그 국토에 깊이 뿌리내린 2천 년의 전통을 통해 자라나고, 조상의 기지를 가득히 승계하고, 눈보라를 견

---

[64] 모리스 블랑쇼, 『블랑쇼 정치 논집ブランショ政治論集』, 야스하라 신이치로 安原伸一 외 역, 월요사, 2005년, 283쪽.

던 관습에 따라 살아가는 진정한 프랑스인"의 한 사람이었다. 적어도 주위로부터는 그렇게 간주되었다. 따라서 '심층의 프랑스'와 '모조의 프랑스'의 대립 도식으로 정치를 말하는 샤를 모라스나 티에리 모니에가 주장한 혁명의 수사에도 깊이 접근할 수 있었다.

프랑스의 지성적·심미적 세련의 극단과도 같은 블랑쇼의 눈에 레비나스는 어떤 사람으로 보였을까? 스트라스부르 대학에서 만난 레비나스에게 블랑쇼는 "심오한 무언가"를 느꼈다는 것밖에 적지 않고 있다.

한편 레비나스는 동일한 만남을 이렇게 회상하고 있다.

"스트라스부르에 있는 동안, 우리들은 거의 언제나 함께였습니다. (……) 그가 어떠했는지는 묘사하기가 상당히 힘듭니다. 어쨌든 특출한 지성과 귀족주의적인 사상의 소유자라는 인상이었습니다. 정치적 입장은 저와는 완전히 달랐습니다. 그는 왕당파였으니까요. 하지만 우리는 만나서 금세 서로 친해졌습니다."[65]

그 우애의 기반은 레비나스가 소집되어 포로가 되었던 시기, 블랑쇼에게 "불온한 정치로 인해 위험에 처한 자신의 소중한 가족들을 보살펴 달라고 부탁"[66]함으로써 한층 더 깊어졌다(블랑쇼는 나치의 유대인 사냥으로부터 레비나스의 가족을 숨겨 주었다).[67]

---

65) Poirié, 앞의 책 p.72.
66) 블랑쇼, 앞의 책, 284쪽.
67) 레비나스의 부모와 두 형은 나치와 리투아니아 민족주의자들에게 살해되었으나, 파리에 있던 아내와 딸은 블랑쇼와 다른 친구들이 숨겨 주었다—역주.

블랑쇼는 그 경험을 회상하며 이렇게 적고 있다.

"나치에 의한 박해(……)로 인해, 우리들은, 유대인이 우리들의 형제임을, 그리고 또한 유대교는 하나의 문화 이상으로, 더욱이 하나의 종교 이상으로, 우리들이 맺고 있는 타자와의 관계의 근거임을 느끼게 되었습니다."[68]

블랑쇼는 장식적인 수사를 사용하는 사람이 아니므로, 이 "우리들이 맺는 타자와의 관계의 근거"라는 말은 액면 그대로 받아들여도 된다.

프랑스적 교양을 풍부히 함양한 왕당파 문학청년은 레비나스와의 만남을 통해 필시 그때까지 배워 온 어떠한 유럽적 지성으로부터도 느끼지 못했던 '이질적인 것'을 감지했다. 열렬한 블랑쇼는 이 유대 청년의 특이한 사고방식 속에서 '개성'이라기보다는 오히려 그가 호흡해 온 어떤 민족 집단의 '전통'을 간파했던 것이다. 나는 그렇게 상상한다.

그 '이질적인 것'의 경험에 관해서 블랑쇼는 이후 수십 년에 걸쳐 방대한 양의 문장을 적어 나갔다. 그것을 여기서 요약하기란 물론 불가능하지만, 블랑쇼의 굽이치고 비틀린 듯한 문장으로부터 우리들이 알 수 있는 것은 그가 경험한 내용은 투명하고 예지적인 주체가 명석판명明晳判明[69]한 어법으로 기술할 수 있는 성질

---

68) 앞의 책, 284~285쪽.
69) '명석판명clear and distinct'이라는 용어가 나오면 이는 데카르트의 철학을 의미하는데, 예컨대 그의 철학의 핵심이자 기초인 '생각하는 나'는 전혀 의심

의 것이 아니었다는 점, 오히려 유럽 문명이 모든 경험의 기초로서 흡수해 온 관조적 주체의 존립 근거 그 자체를 뒤흔드는 것이었다는 점이다. 블랑쇼는 아마도 레비나스 앞에 섰을 때, 그가 "인류가 보편적으로 나누어 가지고 있는 지성"이라고 믿어 온 것의 상당 부분이 '유럽 특유의 사고상의 기습'에 지나지 않음을 절실히 깨달았던 것이다.

유대교, 유대인에 관해 말하는 것은 단적으로 그 사람이 '타자'와 어떻게 관계를 맺는지를 말하는 것이다. 따라서 유대인에 관해 객관적으로 말하는 언설이란 원리적으로 있을 수 없다. 이는 지금까지 반복해서 써 온 그대로이다.

우리들이 유대인에 관해 이야기하는 내용으로부터 배우게 되는 것은 그 사람이 어디서 말문이 막히고, 어디서 논리가 무너지며, 어디서 그가 유대인에 관해 더 이상 말하기를 단념하는지, 거의가 그것뿐이다.

할 수 없는, 그 자체로 명석하고 다른 것과 뚜렷하게 구별되는 판명한 관념이다. 이는 나아가 근대의 주체중심주의 철학을 상징기도 한다―역주.

신서판을 위한 후기

이 책이 나오게 된 배경을 설명하겠다.

기초가 된 것은 2000년 2학기 고베여학원대학에서 행한 강의 노트다. 그 강의 노트는 본래 과거 20여 년에 걸쳐 계속 써 왔던 유대교와 반유대주의에 관한 개인적 연구 노트다. 그 노트 중 몇 장의 내용을 이미 논문으로 발표한 적이 있다.

그 강의 노트를 2005년 1월호에서 9월호까지 「문학계」[1]에 연재했다. 처음 몇 호분의 원고는 당시 행하던 강의 노트로부터 추려낸 것이다. 노트에 기초하여 교실에서 강의를 하고, 그에 따른 학생들의 반응을 보며(학생들이 졸기 시작하면 '이 이야기는 안 되겠군' 하고) 이를 다소 피드백하여 고쳐 쓴 내용을 송고했다. '실황 녹화'와 같은 느낌이다.

여자대학교에서 유대문화론을 돌발적으로 한 학기에 걸쳐 강의하게 된 까닭은 내가 속한 문학부 종합문화학과에서 세 명의 교수

---

[1] 출판사 문예춘추文藝春秋가 발행하는 순수 문학 중심의 문예 잡지. 「신초」, 「군상」, 「스바루」, 「문예」와 함께 일본의 5대 문예지로 불리며, 이들 잡지에 게재된 단편 및 중편 소설이 아쿠타가와 상 후보에 오르는 일이 많다-역주.

와 함께 '유대문화론'이라는 이름의 릴레이식 강의를 한 학기 동안 진행했기 때문이다. 작은 학과임에도 우리 학과에는 구약성서학 연구자인 이이켄飯謙 선생과 미국 유대문학 연구자인 미스기 케이코三杉圭子 선생이라는 두 분의 유대 전문가가 있어서, 프랑스의 반유대주의 사상사에 관해 연구한 적이 있는 나를 더하면 다소 재미있는 유대문화론 강의가 되겠다는 생각이 들어 "해 보지 않으시렵니까?"라고 제안해 봤더니 두 분 모두 흔쾌히 승낙해 주셨다.

그 릴레이 강의에서 나는 '일본의 반유대주의'라는 테마로 일유동조론日猶同祖論을 소개했다. 강의의 도입부에서 나는 할리우드 영화와 미국 팝 음악과 노벨 생리의학상과 서양 철학사에서 볼 수 있는 유대인의 압도적인 존재감에 관해 다뤘다.

"캐롤 킹과 리버 앤드 스톨러Lieber & Stoller[2]를 뺀 미국 팝 음악을 생각할 수 없듯이, 마르크스와 프로이트와 후설과 레비스트로스와 데리다를 뺀 철학사는 상상할 수도 없습니다"라는 말로 마지막 승부를 걸어 보았지만, 학생들은 어쩐지 잘 이해가 안 된다는 표정으로 내 얼굴을 주시했다.

'그렇군. 선생인 내가 잘못했네. 캐롤 킹이라든지 데리다와 같은 이름은 자네들에게는 전혀 고무적이지 않은 고유 명사겠지. 들

---

[2] 엘비스 프레슬리의 대표곡을 만드는 등 제2차 세계대전 이후 미국 팝 음악사에 커다란 영향을 끼친 작사가 제롬 리버Jerome Leiber와 작곡가 마이크 스톨러Mike Stoller 듀오. 1985년에 송라이터 명예의 전당과 1987년에 로큰롤 명예의 전당에 올랐다—역주.

어 본 적도 없을 거야. 미안하게 됐군. 물론 그루초 막스와 칼 마르크스를 동시에 열거한 내 수사의 차이에 대해서도 특별한 흥미가 없겠지.'

3회에 걸친 강의가 끝나고 과제물을 모아 봤더니, "이 수업을 듣기 전까지는 유대인이 세계를 지배하고 있다는 사실을 몰랐습니다"라는 식의 내용을 쓴 학생들이 여기저기 보였다.

난처한 일이었다.

"유대인이 세계를 지배하고 있다"고 말하는 사람들이 있고, 그러한 기상천외한 발상이 어떻게 생겨난 것인지 논했다고 생각한 수업이었는데, 어쩐지 학생들은 이야기의 앞부분만을 이해하고 뒷부분의 어지러운 사상사적 해설은 '귀찮으니까 통과'한 모양이다. 이래 가지고서는 마치 내가 반유대주의적 데마고기를 교단에서 퍼뜨린 듯한 꼴이 된다.

서둘러 다음 해에는 그 뒤처리를 할 요량으로, 제법 본격적인 유대문화론을 이야기하기로 했다(전년도에 수강한 학생들은 더 이상 오지 않으므로, 만회를 할 수는 없었지만). 그 결과로 나온 것이 본서이다.

『문학계』라는 교양 매체를 위해 작성한 것이므로 학생들에게 이야기할 때보다는 문체가 조금 딱딱해졌는데, 만약 내용이 어렵다면(실제로 어렵지만) 그건 문체 때문이 아니라 유대인 문제가 내포한 본질적인 '난해함' 때문이다.

내 유대문화론의 기본적인 입장은 "유대인 문제에 관해 올바르게 이야기할 수 있는 언어를 비유대인은 가지고 있지 않다"는 것이다. 물론 정치적·종교적·문화적인 어법으로 유대인 문제를 논할 수는 있으며, 상당히 정합적으로 설득력 넘치는 유대인론을 쓸 수도 있다. 실제로 많은 비유대인이 대부분의 유대인론을 쓰고 있다. 하지만 비유대인이 쓰는 그러한 유대인론을 정작 유대인들은 그다지 진지하게 받아들여 주지 않는다는 느낌이 든다. 조용히 미소 지으며 "뭐, 앞으로도 열심히 하시길"이라는 당부를 남기고는 자리를 뜨지 않을까?

본서가 크게 '난해한' 이유는 실은 유대인이 읽을 때에도 '이해할 수 있도록' 썼기 때문이다. 그런 글쓰기를 하는 사람은 그다지 없다. 특별히 그것이 '바람직하다'라기보다는 단지 '그다지 없다'는 사실을 말하고 싶을 뿐이다.

나는 어떠한 주제라도 글을 쓸 때에는 논의의 대상이 되는 본인이 읽었을 때 어떻게 생각할지를 언제나 염두에 둔다. 따라서 내 유대문화론은 당연히 일본인 독자를 대상으로 쓴 것이지만, 그와 동시에 이것이 영어나 프랑스어나 이디시어로 번역되어(번역되지 않았지만) 유대인 독자가 읽었을 때, "그렇군. 유대인에 대해 '이렇게' 보고 있는 일본인도 있었네"라는, '데이터'로서의 유용함을 목표로 삼아 쓰고 있다. 조심스러운 바람이라고 생각될지 모르지만, 내게는 터무니없는 야심인 셈이다.

내 서재의 책상 옆에는 15년 전 에마뉘엘 레비나스 노사로부터 받아 액자에 보관한 한 통의 편지가 걸려 있다.

거기엔 "보내 주신 책, 아쉽게도 일본어를 읽지 못하지만 틀림없이 훌륭한 연구라 확신합니다. 상당히 정밀한 연구를 통해 저를 이해하고 있다고 느껴집니다"라는 문장이 적혀 있다.

읽을 수는 없지만 "느껴진다"라고 노사는 써 주었다. 그 한마디가 나에게 얼마나 용기를 주었는지는 말로 표현할 수 없다.

그 이후 오랜 세월이 흘렀고 레비나스 노사의 지적 골격을 이루는 유대적 사유를 얼마나 이해하게 되었는지 나는 판단할 수 없다. 하지만 이 책은 내가 노사의 묘 앞에 바치는 몇 차례의 '헌화' 중 하나이다. 선생은 내 『유대문화론』을 읽고 어떻게 생각할까?

"30년을 해 오고도 이 정도입니까? 거참, 조금 더 잘 쓸 수 있지 않습니까?"라고 말할까? 아니면 "흠, 많이 늘었군요"라고 말할까?

2006년 4월 4일

우치다 타츠루/內田樹

옮긴이의 말

2010년 5월 29일, 우치다 타츠루 교수는 한 강연회에서 흥미로운 자기 고백을 하나 한다. 이 강연회는 저자가 속한 일본유대학회에서 행해진 것으로, 거기서 그는 어떤 계기로 자신이 '유대인 문제'를 연구하게 되었는지 술회하고 있다.

저자는 25살이 된 1975년부터 합기도에 매진하고 프랑스 현대 사상가들의 글을 읽기 시작했다고 한다. 1975년은 베트남전에서 미국이 패배한 해이다. 1960년대 말부터 일본에서 거칠게 일어났던 반미·반전·민족주의 운동은 전쟁의 패배를 인정한 미국의 공식 선언과 함께 그 지향점을 잃고 뿔뿔이 흩어지거나 사라지기 시작했다. 약 10년간에 걸쳐 형성된 대중들의 공공 영역은 축소되거나 자취를 감추었고, 그 속에서 열의를 불태우던 젊은이들은 저마다 사적 영역 속으로 그 에너지를 옮겨가야 했다.

저자는 25살이었던 당시 상황 속에서 뚜렷하게 자각하지는 못했지만, 아마도 두 가지 축을 중심으로 자기 삶의 지향점을 찾고자 하지 않았는가 술회한다. 하나는 미국으로 대표되는 서양의 가치를 넘어서는 지적 위치를 얻고자 한 것. 또 다른 하나는 서양에 못지않은 숭고한 가치가 일본에도 존재한다고 믿고 그것을 추구하고자 한 것이다. 저자는 그것이 각각 프랑스 현대철학과 합기도로 자신을 이끌지 않았는가 회상한다.

구소련의 붕괴와 함께 국내에도 물밀듯이 소개되어 들어왔던 푸코, 레비스트로스, 데리다, 라캉 등의 서구 포스트구조주의 이론들은 일본에서는 이미 1970년대에 들어와 있었고, 저자의 말을 빌리면 이들은 "서양 사상은 쓰레기다"라고 거침없이 이야기하는 사람들이었다. 그중에서 저자를 사로잡은 사람은 본서에서도 이름이 언급되는 모리스 블랑쇼였다.

저자는 지적으로 고고하고 높은 곳에서 거만하게 세상을 내려다보며 이해하기 어려운 글을 쓰는 블랑쇼에 곧장 매료되었고, 그런 지적 위치에 자신을 동화시키고 싶었다. 그런데 다른 것들은 죄다 무시하는 이 블랑쇼가 유일하게 인정하는 사람이 레비나스였다. 이때부터 그는 레비나스를 읽기 시작했다고 한다. 그리고 이를 계기로 자연스럽게 레비나스가 이야기하는 유대적 사유와 유대인 문제에 발을 들이게 되었다.

이런 지난날을 회상하면서 우치다 교수는 자신의 활동 동력을 한마디로 말하자면 "반미"가 아니었는가라는 자문을 이어 간다. 미국으로 대변되는 서양적 가치에 대한 거부감, 군사자본주의에 대한 반항심, 동시에 패전국 청년으로서 가질 수밖에 없는 자괴감과 열등감 등이 한데 뒤엉킨 복잡한 감정과 이를 극복하려는 욕망이 그를 합기도와 레비나스로 이끌지 않았느냐는 자기 진단이다.

패전국 국민으로서 죄책감은 느끼지만, 그렇다고 제국주의의 본류인 영국과 그와 경쟁관계였던 프랑스나 독일 그리고 후발주자인 미국이 나머지 세계를 도덕적으로 심판할 수 있는 '선'은 아니지 않은가? 다른 종족이나 인종의 노예화나 차별까지는 언급하지 않더라도, 나치에 모든 죄를 돌리고는 있으나 그들 역시 역사 내내 유대인에게 집단적이고 체계적인 박해를 가해 오지 않았는가?

스스로 '선'이라 주장하는 서양의 주류 가치에 동의할 수 없다면, 대항 이념으로서 자민족의 고유한 가치를 파고들거나 대항 관계 자체를 뛰어넘는 새로운 보편적 시각을 필요로 하게 된다. 이를 저자에게 도식적으로 적용하면 전자가 합기도, 후자가 레비나스가 되는 셈이다.

저자의 지적 여정은 결국 패전국 '4등 국민'(1945년 「시카고 트리뷴」과 했던 인터뷰에서 맥아더가 내린 규정)의 청년으로서 서양 주류 가치와의 대항 관계로 언제나 빨려 들어가는 운명적 굴레에 처해 있으나, 동시에 이 대항 관계로부터 빠져나오려는 시도였다고 볼 수 있다(레비나스 연구와 함께 그런 노력의 일환으로 거론할 수 있는 것이 일본 불교의 한 종파인 정토진종淨土眞宗에 관심을 기울여 왔다는 사실인데, 이 종파는 악인까지도, 아니 악인만이 구원을 받을 수 있다는 구제의 보편성을 내세우고 있다).

저자의 내부에 그런 열등감이 복류하고 있다는 배경에서 볼 때, 본서의 2장에서 일본의 몇몇 지식인들이 유대인과 일본인을 동일시하며 황당무계한 설을 개진했으나, 그들이 서양의 가치를 넘어서려 했다는 점에서 어찌 되었든 일본인들의 심금을 울리는 무언가가 있었다는 저자의 판단은 충분히 이해할 수 있다. 미국에 유학한 이들이 미국의 실력을 자신의 눈으로 직접 확인하고, 풍전등화의 상황에 놓인 자국을 사상적으로나마 지킬 수 있는 유일한 길은 서양보다 우위에 있다고 생각되는 가치에 스스로를 동일시하는 궤변밖에 없겠기 때문이다. 또한 3장에서 젊은 날의 블랑쇼를 포함하여 프랑스의 젊은 지식인들이 급진적 우익 사상에 열중한 배경도 마찬가지로 이해할 수 있다. 힘으로는 영국에 밀리고 독일에게도 패배한 나라의 청년들이 그 대항 이념으로 쉽게 선택할 수 있는 것은 환상적인 자국의 고유 가치를 숭배하는 우익 민족주의 사상이기 때문이다.

따라서 본서가 우선 국내 독자들에게 흥미로울 수 있는 한 가지는 일본보다 꼬였다면 더 꼬인 근현대사를 경험했으며, 이로 인해 파생되는 복잡하고 왜곡된 열등감과 욕망을 우리 또한 강하게 경험하고 있다는 점이다. 그로 인해 우리는 위에서 말한 일본이나 프랑스의 젊은 청년들처럼 배타적 민족주의에도 빠져들 수 있고, 오히려 강한 것에 들러붙거나, 그 강한 것 이상으로 강하다고 상상하는 환상적인 것에 빠져들 수도 있기 때문이다.

그런데 저자는 그런 욕망의 갈등 관계 속에서 빠질 수 있는 함정의 기원이나 동기도 충분히 이해할 수 있지만, 거기에 머무르지 않고 그 소모적인 길항 관계(자민족중심주의)를 돌파해야 하며,

또 환상(유대인이 세계 정치와 경제를 지배한다는 음모론)에도 빠져서는 안 된다고 충고하고 있다. 그리고 그에 대해 스스로 오랫동안 치열하게 고민했던 흔적이 물씬 묻어 있는 자기 질문과 대답을 본서에서 훌륭히 그려 냄으로써 그러한 충고의 적절한 본보기를 보이고 있다.

본서를 번역하면서 줄곧 즐거웠다. 유대인 박해의 역사뿐만 아니라, 유대인과 특별히 관계없는 우리들이 유대인에 가지는 관심의 정체, 음모론의 해부, 국내에는 잘 알려지지 않은 일본의 친유대주의 및 반유대주의 이야기, 프랑스의 반유대주의와 우익 사상 및 파시즘, 레비나스의 철학 등 다양한 소재들이 저자의 기발한 질문 및 대답들과 함께 흥미롭게 전개되고 있기 때문이다. 그러나 바로 이 다양한 소재와 주제들이 폭주하듯 쏟아져 나온다는 점 때문에 많은 자료를 찾아보고 적지 않은 주석들을 달아야 했다. 독자들에게 조금이라도 도움이 되지 않을까 하는 마음이 앞서지만, 때에 따라서는 오히려 독서의 진행을 끊는 방해물이 되지 않을까 하는 염려도 있다.

마지막으로 한 가지만 언급하겠다. 번역서를 몇 권 작업하면서 저자가 사용하는 주요 개념을 임의로 바꾸는 일은 지금까지 없었다. 그러나 본서에서는 한 군데 손을 대게 되었는데, 후반부에 등장하는 레비나스의 '시원의 사후성initial après-coup'이라는 개념이

그것이다. 원래 저자는 '시원의 사후성'을 '시원의 뒤늦음始原の遅れ'으로 썼으나, 'tiré à part'이라는 말이 본래 자크 라캉이 프로이트의 '사후 작용' 개념이 가지는 의의를 강조하며 프랑스어로 번역한 용어이므로, 그 의미를 지키기 위해 '사후성'으로 번역했다. 이것이 반드시 임의적이라고만은 할 수 없다고 판단했는데, '뒤늦음'이라는 표현으로는 독자의 입장에서 프로이트의 '사후 작용'을 연상해 낼 수 없다고 생각했기 때문이다. 게다가 저자 또한 이 개념을 일본에 최초로 소개할 때 '최초의 사후'라고 번역했다는 점을 고려할 때, 독자 여러분께 이 점에 대해 양해를 구할 수 있지 않을까 한다.

2011년 10월

옮긴이 박인순

찾아보기

ㄱ

강박자책Zwangsvorwürfe 202~203, 208
게토 39, 93, 164, 167, 169
경교 69, 71
계몽주의(계몽사상) 36~38, 106
고리대금업 48, 50~51, 117
『고사기』 84
『곤란한 자유』 11~12
괴벨스 207
'국민 혁명론' 148
굿맨, 데이비드 65, 83, 91
귀납법(귀납 추론) 110~111
그람시, 안토니오 73
그레구아르, 앙리 36~37
근대주의 121
근대화 96, 121, 123~124
기호(학) 20, 29, 56~58, 214
길드 112

ㄴ

나카노 요시오 49~50, 91
나카다 쥬지 66, 68~69, 83, 85

ㄷ

내셔널리즘(내셔널리스트) 86, 90, 129, 149
뉘른베르크 법 29~31
니체, 프리드리히 154
닐루스, 세르게이 79

ㄷ

다문화주의 36
다윈, 찰스 110, 212
데리다, 자크 19, 175, 233, 238
델피, 크리스틴 53~55, 58
도시화 96, 121, 124
도조 히데키 94, 105
동맹국 94
동화 37, 46, 238
드레퓌스 사건 19, 40, 92, 146, 148
드뤼몽, 에두아르 40~41, 108~110, 113~118, 120~125, 127, 129~130, 135~141, 143~144, 146, 157

ㄹ

라디노 25, 29
라로셸, 드리외 150, 157

라캉, 자크 57~59, 62, 187, 238, 242
라테라노 공의회 29, 32
러일전쟁 17, 68, 95~96
레비나스, 에마뉘엘 7, 11~12, 19, 166, 175~176, 182~187, 211, 215~231
레비스트로스, 클로드 19, 11, 175~176, 238
로렌스, 토머스 에드워드 145
루즈벨트, 프랭클린 97
르낭, 에르네스트 41

ㅁ

『마르코 폴로』 12
마르크스, 칼 19, 38, 89, 112~113, 125, 175~176, 233~234
마츠오카 요수케 94
만주국 92
매클러드, 노먼 65~67
메이지 유신 23, 64
모니에, 티에리 148, 150, 157, 229
모라스, 샤를 148, 157
'모레스 맹우단' 139, 141~142
모레스 후작 127~132, 134~148, 150~151, 153, 155~157, 192

몽테뉴 40
무솔리니 143, 148, 155
미야자와 마사노리 65~66

ㅂ

바레스, 모리스 129, 146, 150, 157
바뤼엘, 오귀스탕 106, 109, 113
바르트, 롤랑 100
바리새파 28, 35, 205
『베니스의 상인』 49
베스트팔렌 조약 149
변신론 227
보부아르, 시몬 드 44
복음서 28, 47~48
부권제 53, 55
부르주아 21, 91, 109, 122, 196
불랑제 장군 132~134, 136, 138~140
불랑지스트(불랑제주의) 133~134, 137, 139~141
비젠탈, 시몬 12

ㅅ

사두개파 28
사르트르, 장 폴 43~47, 51, 53~54, 56, 64, 181~182, 185~188, 190~197, 208, 216, 228

사에키 요시로 66, 69, 71
사이드, 에드워드 28
사카이 카즈이사 72, 83~85
사회구성주의 44~45, 54, 58, 181, 185
사회주의 53, 91~92, 109, 141, 147, 196
사후 작용Nachträglichkeit 186~187, 242
서발턴subaltern 73
선성善性 103, 221~222, 224
선택받은 민족 68, 70, 185
성사적 숙명 86, 98, 181, 183
성차(젠더) 44, 51, 53~55
세계이스라엘동맹 11
세파르딤Sephardim 25, 29, 115
셈인 118~120, 127
셰익스피어 49~50
소수자 36, 73, 177
쇤하이머, 루돌프 87
스기하라 치우네 93
스콧, 월터 27~28
스탈린, 이오시프 97, 150
시나고가 205
시나고그 52, 64, 205
시니피앙 57~60, 73
시니피에 58

시민권 14, 23, 31, 37, 150
시오텐 노부타카 93~94, 96
『시온 의정서』 19, 76~77, 79~83, 86, 90, 96~97, 117, 162, 197
'시원의 사후성'initial après-coup 186~187, 211, 241~242
시프, 야코브 16~18,
'신국神州 일본' 70~72, 74, 83, 85~86
신기독교도 31
신인회 90
실존주의 192, 194
십자군 32~33, 120, 145

ㅇ

아나크로니즘anachronism 215~217
아리아인 29, 118~120
아슈케나짐Ashkenazim 25, 29, 115
아인슈타인, 알베르트 19
아키바 224
악마 35~36, 86, 102, 201, 204~205, 208, 225
악시옹 프랑세즈Action Française 148
야스에 노리히로 90
야스쿠니 신사 105

엥겔스, 프리드리히 112~113
예루살렘 28, 31~32, 65, 120
예수 28, 32, 35, 47~48, 69, 86, 205~206
『예수의 생애』 41
오야베 젠이치로 66, 69~71
왕당파 79, 128, 133, 137, 148, 229~230
욥 218~219
원부原父 살해 213~214
유대 로비 13~14
『유대 백과사전』 62~64, 171
「유대인 문제에 관하여」 38
『유대인 문제에 관한 성찰』 45
유대적 지성 179, 185, 211
『유대적 프랑스』 40~41, 92, 108, 117, 123, 127, 129, 135, 139
음모사관 87, 89~90, 96, 99, 103, 105~106, 110, 114
이디시 25, 29, 235
이스라엘 12, 14, 19, 25~26, 29, 45, 52, 65~68, 83, 121, 170~171, 183, 188
이타가키 세이시로 92
인노켄티우스 3세 29
일루미나티Bavarian Illuminati 105~106

『일본서기』 70, 84
일유동조론 65~67, 70, 72, 74~76, 83, 85, 96, 98, 233
'잃어버린 10부족' 65~67

ㅈ
자유주의 77~78, 81
장개석 97
저자author 99~102, 106~107
정치 미학 130, 142~143
『제2의 성』 44
제3제국 160, 162, 207
제국주의 73, 85~86, 96, 132, 239
제노사이드(대량 학살) 77, 104, 182, 197~198
졸리, 모리스 80~81
질병이득Krankheitsgewinn 7, 98

ㅊ
처칠, 윈스턴 97
천황 66, 70, 84
챈들러, 레이먼드 130

ㅋ
케렌스키, 알렉산드르 17
콘, 노먼 76~77, 79, 162~165, 183, 197~198, 200, 204, 206~208

쿠로다 레이지 90
클레망소, 조르주 144

ㅌ

타자 40, 156, 159, 184~185, 193~194, 217~219, 222, 230~231
『탈무드』 19, 33, 117
토네르, 클레르몽 36~37
토브, 로렌스 167~171
토템 213~215, 221, 227
『토템과 터부』 202, 204
투사Projektion 201~202, 204~206, 208, 212, 215~222
트라우마trauma(외상) 95, 186, 221, 220

ㅍ

파나마 운하 사건 40, 91, 109, 143
파리 코뮌 121, 133, 137, 140~141
파시즘 125, 127, 129~130, 138, 146, 148, 150, 152, 155, 241
팔레스타인 19, 48, 90
페니-껌penny-gum 법칙 87~88, 97, 99~100, 107, 135
페레르 형제 115
페리 제독 96
페미니즘 45, 53

포그럼pogrom 17, 169
포드, 헨리 80
포르, 펠릭스 146
푸코, 미셸 35, 238
프랑스 혁명 30, 103, 105~108, 124
프로이트, 지그문트 7, 19, 175~176, 186, 202~204, 207~208, 210, 212~214, 217, 220~221, 225, 227, 233, 242
프롤레타리아 73, 91, 125~127
프리메이슨 78, 105~106, 147, 151, 156

ㅎ

「헤겔 법철학 비판 서론」 89
'홀로코스트' 12, 31, 42, 164, 182~183, 198, 225
황국사관 70, 71
흄, 데이비드 111
희생양 46, 170
히구치 츠야노스케 86~87, 90
히브리어 26, 118
히틀러, 아돌프 30, 90~91, 143, 181, 207

사가판 유대문화론

초판 1쇄 펴낸 날 2011년 10월 21일

지은이 | 우치다 타츠루
옮긴이 | 박인순
펴낸이 | 김삼수
펴낸곳 | 아모르문디
편 집 | 김소라

등 록 | 제313-2005-00087호
주 소 | 서울시 은평구 응암3동 287-21 202호
전 화 | 0505-306-3336
팩 스 | 0505-303-3334
이메일 | amormundi@paran.com

ISBN 978-89-92448-12-3 03920

값은 뒤표지에 있습니다.
파손된 책은 구입처에서 바꿔드립니다.